智元微库
OPEN MIND

成 长 也 是 一 种 美 好

曾旻 —— 著

在关系中获得幸福的艺术

感受亲密

人民邮电出版社

北京

图书在版编目（CIP）数据

感受亲密 ： 在关系中获得幸福的艺术 / 曾旻著. --
北京 ： 人民邮电出版社，2023.5
ISBN 978-7-115-61224-3

Ⅰ. ①感… Ⅱ. ①曾… Ⅲ. ①恋爱心理学－通俗读物
Ⅳ. ①C913.1-49

中国国家版本馆CIP数据核字(2023)第032963号

◆ 著 曾 旻
责任编辑 张渝涓
责任印制 周昇亮
◆ 人民邮电出版社出版发行 北京市丰台区成寿寺路 11 号
邮编 100164 电子邮件 315@ptpress.com.cn
网址 https://www.ptpress.com.cn
天津千鹤文化传播有限公司印刷
◆ 开本：880×1230 1/32
印张：8.75 2023 年 5 月第 1 版
字数：200 千字 2023 年 5 月天津第 1 次印刷

定 价：59.80 元
读者服务热线： （010） 81055522 印装质量热线： （010） 81055316
反盗版热线： （010） 81055315
广告经营许可证：京东市监广登字 20170147号

自序

当我开始靠近你

作为一名心理咨询师，我每年会给自己安排一两次休假。每次休假回来，隔了一两周没见到我的来访者反应往往各不相同。有的来访者却说："好久不见，你看起来瘦了。"同一天见到我的另一位来访者却说："好久不见，你是不是胖了？"我的外形在同一天并不会有明显变化，但不同的人对此却有截然不同的印象。

外貌只是最直观的一方面，来访者对我休假的情绪反应也各不相同。有些人告诉我："你是不是不想见我了？"有些人却说："我一直在犹豫还要不要来见你。"有些人会好奇："你假期过得怎么样？"有些人会感叹："这两周我有好多话想跟你讲。"有些人会变得陌生，似乎和我不太熟悉了；有些人会若无其事，好像什么都没有发生，无缝衔接假期之前的话题……是我区别对待他们了还是他们在心里对我的"加工"就是截然不同的？

换个熟悉的情景：在工作中，你与同组同事一起吐槽另一个组的同事C，你讲得眉飞色舞、唾沫横飞，把同事C贬得一无是处。当你讲过瘾了，期待同事们附和你时，同组的同事A站出来说："我说句公道话，C的确有你说的那些问题，但也不至于那么差劲……"A讲了一堆他对C的印象，你感到震惊，完全无法理解为何在A眼里C是这样的一个人。你疑惑：到底是他有"滤镜"，还是我自己的感觉出了问题？

这样的事情时常发生。你和伴侣聊起娱乐八卦，你们对某个明星的私生活有着完全不同的看法；你和朋友聊起过往的共同好友，发现你们对共同好友的印象完全不同；老同学聚会时聊起往事，你发现自己记忆中的某件事和别人记得的版本竟然完全不同！

两个来访者，一个说我胖了，另一个说我瘦了，其中一定有一个是对的，一个是错的，只要我回家用体重秤测量一下，就能得到一个客观的结论。但对于那些各不相同的情感反应，就很难说清楚谁对谁错。面对一张毫无表情的脸，有些人感受到的是对方的冷漠，有些人感受到的是对方的沉着冷静，情感色彩截然不同。但无论如何，这张毫无表情的脸背后总有一个真相——那个做出这副表情的人，他内心真实的感受是什么。

遗憾的是，绝大多数时候，人们不会去接近那个真相。哪怕你告诉对方："其实我没有变瘦，我在假期不停地吃东西，体重增加了 1.5 千克。"对方还是会觉得"不会吧，你看起来瘦了啊"。或者你很真诚地告诉对方："我很高兴能再见到你。"但在对方的眼里，有无数个细节支持他内心的主观现实——你不想见我。

人们为什么要远离真相？因为每个人的内心都住着一个"内部客体"。所谓内部客体，是一种带有强烈情感色彩的被内化的人际关系，是一个人关于"我会被他人如何对待"的预期。

比如，小鸣是一个单亲家庭的孩子，父母离婚后，小鸣和妈妈相依为命。妈妈在糟糕的婚姻关系里累积了很多对男性的仇恨，于是决心独自抚养小鸣，不再结婚。这样的生活格外辛苦，所以小鸣的妈妈常常因为生活的奔波、工作的压力而心情压抑，有时小鸣犯点儿小错误，妈妈可能会把多年的委屈都发泄到小鸣身上。每次妈妈这样暴怒的时候，小鸣都很害怕。

在这样的家庭氛围中成长，小鸣内化了一个无情、残酷的客体形象和一个受伤、无助、弱小的自我形象。于是在小鸣的客体关系模型里，产生了这样一种预期："我的表现很糟糕，如果别人看到我糟糕的表现，就会狠狠地惩罚我、责骂我。"

当他带着这样的关系模型和别人交往时，他总会莫名地感到害怕，担心自己表现不好惹别人生气。有时候，别人一个平淡无奇的表情都会让他胆战心惊，害怕是不是自己哪里惹到别人了，可是苦思冥想也不知道自己哪里做错了，于是整天惴惴不安。

他的"内部客体"是一个无情、残酷的人，所以他预期今后见到的每个人都可能这样对待自己，自己需提防着，表现好一点儿。于是，他的人际关系就变成了这样一种模式：寻找人们内心无情、残酷的一面，并避免被这样对待。他不再考虑真正去了解另一个人，看看别人到底会如何看待自己。他已经关闭了其他通道，只打开了无情、残酷这个通道，他只接受这样的信号，其他信号要么被他转码成无情、残酷，要么就被当作噪声淹没在无情、残酷的大海里，不见踪迹。

由此可见，小鸣的生活会非常辛苦。他要时刻警惕别人的恶意，而且总发现人们对他是有恶意的。心理咨询的一个核心议题，就是帮助"小鸣"们发现并理解自己的"内部客体"，使他们逐渐有勇气、有力量去看见当下的真相：我面对的这个人，他内心真实的感受是什么？他眼里的我究竟是什么样子的？这就是一段好的亲密关系，可以给人带来全新的体验。好的亲密关系就像一面镜子，它能照出你真实的样子。就像有些人不喜欢照镜子一样，也有些人不愿意发展好的亲密关系。究其原因，他们有时是遇到了阻碍，有时是不知道怎么办，不知道去哪里找、怎么找到好的亲密关系，甚至无法分辨当下的关系到底好不好。

如果我们已经有了一个"内部客体"，如何在这个状态下找到好的关系呢？一个好的关系，它会如何发生、发展，逐渐成长为参天大树呢？

这就是本书要回答的问题。

本书内容分为两篇。首先是探索篇，展示一段关系从初始期到磨合期，再经过稳态期、分化与独立期、共同创造期，最终到分离与告别期六个阶段的发展过程，通过对这个过程的充分探索，逐渐发现当下的真相。其次是进阶篇，展示关系的本质是什么。通过了解关系模式和关系结构，看到自己内心深藏的关系存在，去了解那个存在是什么样的以及如何理解它。

有时候，关系是两个人、两个立场的事情，外部的环境与境遇会激发我们的感受，引起我们的反应；但有时候，关系又是一个人的事情，因为你内部的环境，你的记忆、情感、认知和信念会塑造你的认知与行为模式，你对外部环境信息有特殊的加工，让你只看到你想看到的。

所以从一个人的关系真正走入两个人的关系，靠近那个当下的真相，然后修正自己对关系的固有看法，用更开放、更真诚的心态对待将来的每段关系，这就是《感受亲密 在关系中获得幸福的艺术》这本书想传达的。

目录

探索篇

关系的六个阶段

第一章

初始期

吸引：为什么我们会想靠近某类人

如果你憎恨某个人，你憎恨的必定是他身上属于你自己的某个部分；与你自身无关的部分，不会烦扰你。

——黑塞

这是一个人际关系成长小组，成员来自不同的行业，处于不同的年龄段，具有不同的感情经历，他们的相似之处是，他们都遇到了人际关系困扰。

"热切的爱与强烈的恨是一样的，喜欢一个人的本质是认同。你喜欢一个人，必定喜欢他身上属于你自己的某个部分。"李梦[①]在小组讨论中讲述了自己的爱情故事并提出这个观点。

李梦刚刚结束了一段"花束般的恋爱"关系，这段感情经历和

[①] 为了便于叙述和保护个人隐私，本书中出现的人物均为化名，如有雷同，纯属巧合。——编者注

这部同名电影 ^① 故事极为相似，李梦的精神世界几乎和男友的一模一样，用李梦的话来说，对方简直就是"男版李梦"。李梦和男友喜欢同一个小众导演和同一个小众歌手，当发现对方的歌单里、影片库里有那位导演和那位歌手的作品时，他俩几乎同时脱口而出："你是我生命里遇到的第一个喜欢这个歌手和这个导演的人！"

成也"认同"，败也"认同"，照镜子既能照出自己的美，当然也能照出自己的丑，李梦的感情崩溃于彼此对关系距离的"认同"。"两个李梦"达成共识：恋爱中的双方要有各自的空间，要彼此独立，不能靠太近。他们默契地相信，真正的灵魂伴侣无须形式上的牵绊，如果感应到了对方，自然会相见，所以他们很少主动约会，而是相信自然而然的遇见。但生活中并没有那么多自然而然的遇见，于是两人越来越感觉对方"冷漠"，而当一方开始把这种"冷漠"理解为对方有意冷落自己时，两个人之间的默契就被打破了，进而互相攻讦，而相似的性格与精神让两人伤害彼此的方式都那么熟悉且直击要害。于是，这段感情迅速分崩离析，很快就把昔日的认同清扫得干干净净，只留下了沉痛的悲伤。

李梦带着这种悲伤进入了这个人际关系成长小组，希望加深对关系的理解，开始新生活。当她讲述完自己的感情经历并得出上述

---

① 《花束般的恋爱》是一部日本影片，该片讲述了主人公山音麦和八谷绢之间的爱情故事。——编者注

结论时，小组里有半数人露出不赞同的表情。

第一个站出来反对的是阿强，他觉得自己的感情完全不同，他爱上的恰恰是对方身上自己没有的部分。

阿强是一个性格内向的小伙子，在第一次参加这个小组的活动时，小组的带领者让大家用三个词来描述自己，阿强的三个词分别是社交恐惧症、钝感和认真。

阿强对感情是很认真的，只是他很疑惑，为什么别人可以迅速而准确地讲出自己的感受，自己在社交场合却只有焦虑，大脑一片空白，往往过了好久，他才反应过来刚才想表述的意思该怎么说，但时机早已过去，于是心想"算了"，然后把话憋在肚子里。

阿强第一次见到阿珍，就被她的自信、开朗和大方深深吸引，当时阿珍在讲台上给几十个人做一场分享，她口齿清楚、语言流畅、情感丰沛，讲到激动处，恰到好处的玩笑和自我调侃引得众人哈哈大笑。这场分享结束后，阿强很想结识这位自信开朗的女生，他想和阿珍搭讪，可是一直找不到机会。阿珍一下台，众人就围了上去继续和她探讨刚才分享的主题。阿强在一旁观察着，心中更加确定，阿珍就是自己喜欢的人。

阿珍在和众人聊天时很坦然、很放松，有说有笑，这正是阿强"理想自我"的样子，也是他完全做不到的。阿强无比羡慕阿珍在人前热情大方的样子，面对阿珍，他觉得自己卑微、弱小、乏善可陈，这让他感到羞愧，内心空荡荡的。待人群散去，他有机会和阿珍交谈时，腿却像灌了铅一样，沉重得无法向阿珍迈出一步。他的大脑一片空白，不知道该如何去和阿珍打招呼，只能看着她转身离开。他的内心又冒出那个熟悉的念头：算了。

而这一"算了"，就过去了3年。阿强一直在默默地观察阿珍，渴望对方有一天"看到"自己。但事与愿违，一个月前，阿强发现阿珍恋爱了，她的男朋友是一个看起来有些木讷的小伙子，两个人在一起时，小伙子不善言辞，总是阿珍热情地向别人介绍自己的男朋友。阿强非常懊恼自己没有把握住机会。

带着这份懊恼，阿强参加了这个人际关系成长小组，希望改变自己被动和迟慢的性格。

所以，当李梦谈起"认同"时，阿强并不赞同这个观点，他觉得"喜欢一个人就是喜欢对方身上自己没有的部分"。

这场讨论逐渐激烈起来，有半数小组成员支持李梦的观点，觉得喜欢就是"认同"，而其他成员支持阿强的观点，认为喜欢一个人是喜欢对方身上自己没有的东西。最后，大家争执不下，请小组的带领者，也是专业心理咨询师魏蓝天来评判，喜欢上一个人的本质到底是什么。

"其实，你们已经讨论出结果了。这两种喜欢，都是喜欢。它们看起来不同，但殊途同归。"魏蓝天说。大家面面相觑，期待魏蓝天做进一步解释。

李梦的"认同"是一种"镜映性移情"，在这种感情里，你的感觉是"你简直就是另一个我！像一面镜子一样，完全镜映了我的模样"；而阿强的喜欢是一种"互补性移情"，在这种感情里，他看到的是那个"理想自我"，内心发出"如果我能够像她一样就好了"的感叹。

● **镜映性移情**

自体心理学的创立者科胡特（Kohut）认为，一个人拥有健康的自尊水平需要满足三种需求，其一就是被镜映（mirroring）的需求。镜映最初被用于描述母婴关系，指母亲对婴儿夸大、炫耀、欣喜的自我展示给予正向的回应。

你肯定没有婴儿期的记忆了，不过追溯自己童年的记忆，也能找到这样的痕迹。你小时候在外面被小伙伴欺负了，会不会回家把自己受欺负的经过添油加醋地向父母描述一番，渴望得到父母更多的同情和关注？或者你在某次活动中取得了好成绩，你是不是回家向父母炫耀时也会夸大自己的成绩，希望父母给你大大的奖励？其实，对小孩子来说，把挫折或成就在大脑中放大，并渲染成一个极度跌宕起伏的故事描述给父母，渴求父母的关注，是非常常见的现象。那些撒泼打滚的"熊孩子"，其实也是这种心理。

而大多数父母对孩子这种极端夸大的戏剧化行为常常感到厌烦和不解，因为父母是用成年人的思维去看待事情，并不了解在孩子的幻想里究竟发生了什么，为什么要如此极端地愤怒、哭泣或欣喜若狂。所以，很多父母并没有如实地镜映到孩子内心夸大、炫耀、欣喜的自我展示，父母们过于"现实"，以成年人看到的客观现实对孩子的行为做出反应，无法映照出孩子内心夸大的幻想。

三五岁时的你在地图上发现了中国的首都是北京时，就像哥伦布发现新大陆一样欣喜若狂，你兴高采烈地将自己的"重大发现"告诉妈妈，渴望她给你一个大大的拥抱，并无比崇拜地看着你，赞赏你，但妈妈只是轻描淡写地回应了一声"哦"，甚至没有转过头来看你一眼。这一刻，你内心泛起的是极大的羞耻感，因为自己的"重大发现"，在妈妈眼里只是一件稀松平常的事情。你的自尊心就在这一刻受到了伤害。

如果小时候你的情感世界得到了父母的积极回应，那么你内在的活力、"伟大和完美"的自我意识就得到了确认，你会具有相当稳固的自信、自尊和自我肯定。

被镜映的需求会持续到成年。只是成年人不再像孩子一样有那么多近乎幻想的渴望，我们已经知道了，"发现中国的首都是北京"不是一件多么了不起的事情。但我们内心依然有很多丰富而深刻的思想希望被看见、被听到、被认可与被肯定。就像李梦和她的"男版李梦"在彼此的歌单和影片库里发现了同一位小众歌手和小众导演的作品时，他们内心丰富而深刻的部分被彼此看见了、认可了。这种彼此发现、彼此认可的方式构成了成年人世界的相互镜映。

不过，成年人世界的镜映也具有夸大的性质。当只有你一个人喜欢某位小众歌手时，你会觉得他很棒，但不会认为他天下第一、无可匹敌。当你发现有另一个人和你一样喜欢这位小众歌手时，你们一起讨论他、欣赏他，于是在你们的内心里似乎要冒出一个念头——这位歌手无可匹敌、天下第一！和我一样喜欢他的你，也是颇具审美和鉴赏能力的！

由镜映激发的那种欣喜的感觉，就像孩子发现中国的首都是北京而找妈妈炫耀时被妈妈热切肯定和认可一样，李梦在"男版李梦"的歌单里发现自己喜欢的小众歌手的作品时，兴奋地感觉"真是一个伟大的发现"！

这种"镜映性移情"催生的恋爱关系有一个危险之处：当你逐渐意识到自己的发现并不伟大时，就像孩子意识到，身边的每个人都知道中国的首都是北京，自己的发现并不伟大一样，你会产生一种落差感和挫败感。

这也是影片《花束般的恋爱》所隐喻的内容，两个人因为精神擦出了火花，谈论图书、影视、艺术而发现彼此的"伟大"，而当他们落入日常生活的平淡中时，要如何承受柴米油盐的"不伟大"？

李梦的这段恋情就是因此无疾而终的。

● 互补性移情

科胡特认为，拥有健康的自尊水平要满足的第二个需求是理想化（idealization）。理想化是指把积极正向的特质赋予某个人，并与这个人靠近、融合。

最初的理想化对象是父母，即科胡特所说的理想化父母影像（idealized parental imago）。小时候，我们认为父母是无所不能的。孩子会对妈妈说"妈妈，你能帮我把天上的星星摘下来吗"之类的话，他们觉得妈妈可以做到所有事情，满足自己的所有愿望。也就是把妈妈视为全能的客体。

最初，孩子希望和这个全能的客体融合——"你是完美的，而我是你的一部分，那么我也是完美的"，"尽管我做不到所有的事情，但是我的妈妈能"，从而能够感觉到一个全能的自己。

理想化也是夸大的、幻想的，妈妈当然无法给孩子摘下天上的星星。随着年龄的增长，孩子也要逐渐承受这种挫折，发现自己的父母并非无所不能，并不能满足自己的所有愿望。他们会因为经济拮据而不给孩子买昂贵的玩具，他们会因为工作忙而无法一直陪伴孩子，他们会因为情绪控制能力差而把一些明显来自别处的气撒在孩子身上……

成年后，我们的理想化对象不再是父母，甚至不是身边的人，而是那些明星、名人或伟人、英雄，我们通过给那些遥远的存在赋予一些特殊品质延续我们的理想化。

而在成长过程中，我们自身的不足，父母没有给予我们的回应，会变成一种未被实现的"理想自我"，化成一种信念——如果我拥有那样的父母，如果我的父母那样对待我，如果我可以那样成长起来，就太好了。所以理想化的破灭会在你的脑海里留下一系列这样的句式："如果……就好了。"

没有人可以为我们摘取天上的星星，每个人的理想化都会破灭，这并非毁灭性的打击，而是每个人成长过程中的常态，所以在每个人内心都有一个未被实现的"理想自我"。这个"理想自我"就可能在某一刻出现在身边的某些人身上。

性格内向的人被性格外向的人吸引；性格外向的人被性格沉稳的人吸引；讨好型人格的人被自我中心的人吸引；自我中心的人被友善的人吸引……这种吸引，就是降低了理想化强度，把它变成一种更现实的"互补性移情"。"我所渴望但未曾实现的那个自我，在她的身上出现了！"这正是阿强的感情。

互补性移情最大的危险在于，"你有，而我没有"的状态会引发嫉妒、自卑和竞争心理。内向的人觉得外向的人会交朋友，开朗健谈，一定被很多人喜欢，而反观自己总是默默地躲在角落无人问津，是多么卑微、可怜——"你怎么会看得上这样的我呢？"于是，内向的人嫉恨对方拥有的外向特质。

殊不知，外向的人也在嫉妒内向的人，觉得内向的人沉稳、安静、思想深刻，这些都是宝贵的品质，自己看似到哪里都能和身边的人打成一片，但是没有人知道自己的世界看似热热闹闹，内心却空空荡荡，没有人真的走进自己的内心，不像内向的人，尽管朋友为数不多，但都是知心朋友。"这么一个追求深度的你，怎么会看得上如此肤浅的我呢？"于是，外向的人嫉恨对方拥有的内向特质。

所以，当互补的支持和模仿无法超越彼此的嫉妒、自卑和竞争情感时，互补性移情的关系就开始出现裂痕。阿强的感情就是如此无疾而终的。

● **吸引的本质是认同**

不论镜映性移情，还是互补性移情，双方相互吸引的本质都是认同。

在镜映性移情中，发生吸引的动力是"我内在最宝贵的东西，你也有，你真好"；在互补性移情中，发生吸引的动力是"我一直渴望但未曾实现的东西，你拥有，你真好"。

这两种动力的背后都是认同，前者是正向认同自己的品质，后者是反向认同自己的匮乏。

表 1-1 描述了镜映性移情和互补性移情认同的动力、潜在危机和矫正办法。

表 1-1 镜映性移情和互补性移情

类型	认同的动力	潜在危机	矫正办法
镜映性移情	喜欢你和我一样	一样的"坏"会被夸大	在相似中找差别
互补性移情	喜欢你身上我所没有的	嫉妒、自卑、竞争	在互补中发现相似和一致

前面谈到李梦和阿强的感情失败，正是因为他们陷入了不同移情类型的危机里。李梦陷入"镜映性移情"中的危机，是当两个人"照镜子"时，起初发现了对方的好，时间长了，各自的不足逐渐暴露出来。当一个人从另一个人身上看到自己的不足时，会本能地退缩和回避，因为自己无法克服的东西出现在了对方的身上，那会是一个很难应对的事情，还是算了吧。

导致破坏性后果的并不一定是某些不足，有时候只是一些无所谓好坏的特质，但两个人的相似会加强这种特质，让它呈现出破坏性。比如在李梦的故事里，对关系的疏离谈不上是好是坏，每个人对于关系远近有不同的感觉，有些人处在疏离的关系中比较舒适，而另一些人可能会渴望两个人的关系很紧密。但是，当两个人都喜欢疏离的关系时，两个人好像很默契，互不打扰，刚开始是很舒适的，但久而久之，这种不打扰变成了不联系，不联系变成了冷漠。最后，这种冷漠又被双方感知为"冷暴力"而让彼此难受。

相反，如果两个人都渴望拥有紧密的关系，以一种很默契的方式紧密结合，刚开始也会相处得很舒适，亲密无间，但久而久之，这种亲密就变成了负担，两个人习惯于24小时在一起，甚至1分钟的分离都会被双方感知为"抛弃"，让彼此难受。

"镜映性移情"中的危机之所以会发生，是由于相似带来的夸大和极端化可能会对关系造成破坏。比如上学的时候，如果班里只有你不交作业，你会很难堪、很羞愧，会尽力避免这种情况，可如果还有其他人和你一样不交作业，你的难堪很快就被安慰了，你们可能会变得亲密无间，甚至分享如何拖延作业或抄作业的经验与技巧。这就是人际关系会夸大或极端化某种特质或行为模式。而这种特质或行为模式之所以会破坏关系，是因为你们两人都没有可以修正其破坏性的倾向，相反还会使破坏性越来越强。

矫正这种危机的办法是在相似中找差别。比如在李梦的故事中，尽管双方都对比较疏离的关系感到舒适，不过双方对多远的关系距离感到舒适存在细微的差别。找到这种细微的差别，是"镜映性移情吸引关系"里维护平衡的关键。比如，如果李梦首先发现

"保持 10 米距离"很合适，距离更远就感觉不舒服，而"男版李梦"感觉"保持 15 米的距离"也很好，那么，"俩人的距离超过 10 米"时，李梦就得把对方拉近一些。

阿强的危机是"互补性移情"中的危机，是当看到"你有，而我没有"的东西时，自然生出的嫉妒、自卑和竞争心理。这种情感也有深远的基础，就像你三五岁时第一次去好朋友家做客，看到他有一屋子玩具，你俩玩得好开心。回家后你开始向妈妈抱怨，怎么别的小朋友可以有那么多玩具，自己却没有。这种带有嫉恨的感觉会让你渐渐地不喜欢这个朋友，你和他在一起时会感到自卑，好像他是一个闪闪发光的人，自己却那么可怜、卑微。这种情绪的背后，是一种无法被当时的你所理解的情感，你只是模模糊糊地觉得，你和他获得的爱的分量不同。

阿强的故事也是如此，当他站在人群里等待阿珍时，阿珍的身边围满了人，大家都很喜欢她的演讲，纷纷围上去和她交流，阿强认为自己嘴笨，不敢上前搭话，只能在外围默默地等候。阿珍闪闪发光、充满能量，就像那个拥有好多好多玩具的小朋友，而阿强得不到那么多关注和喜爱，甚至连一句得体的话都说不完整，怎么可能和阿珍相提并论呢？那种童年时羡慕好朋友有很多玩具的模糊的卑微感瞬间涌上心头，这种感觉很熟悉，却难以言表和宣泄，让人憋闷难受。这让阿强在有机会单独面对阿珍时无法直视对方，更难以上前表达自己对她的欣赏与喜欢。

无疾而终的单恋是"互补性移情"常见的现象。而那些即使因缘分幸运结成"互补性"关系的人，也常常面临嫉妒、自卑和竞争的危机。两人会较量谁挣钱更多，孩子和谁更亲，谁的人缘更好，甚至会较量一下谁对某个社会新闻的见解更深刻，看法更独到。其实，每一次微小的"胜败"，都会在关系中凿下一条裂痕，积累久了，关系就会彻底破裂。

矫正这种关系的办法是在互补中发现相似和一致。人是复杂的，不可能全然一致，也不可能完全不同，总有一些深处的情感，如地下水般一脉相连。当你们同时因为一部感人肺腑的电影落泪时，当你们默契地选中同一款手机壳时，当你们不约而同地为纪念日订了同一家餐厅时，都是深处的某些情感在无意识间相通了。大多数人会忽略这些，觉得这算不了什么，甚至完全觉察不到。而如果你们不断地把相似抹去，把互补放大，你们在这段关系里便都只有"一条腿走路"，都失去了一半的功能，并因此全然依赖对方。在这种极端情景里，嫉妒和自卑导致的危机是极其明显的。因为当出现绝对的"你有，而我没有"时，你很容易觉得不安全。比如，没有收入的家庭主妇会担忧对方背叛自己；全然不会做家务的职场人会极力贬低承担家务的一方。这都是完全互补造成的危机感，由此引发的不安和嫉恨会破坏原本稳定和谐的关系。

当你们都发现，在社会中获得成就感和价值感与在家庭中获得亲密与放松是你们共同的需求，而且你们都承认这种相似性，你们的关系就会重获平衡。

总而言之，吸引的本质是认同。不论是镜映性移情，还是互补性移情，吸引的发生都是从对方身上看到了自己。前者是正向认同自己的品质，后者是反向认同自己的匮乏。不论哪个方向的认同，单向的过度都会导致关系失衡，只有平衡正向与反向的自我认同，才能让关系稳定、长久。

感受亲密
在关系中获得幸福的艺术

相识：你会如何认识一个人

"我随便说出一个数字，28，打开你的通信录，看看第 28 位是谁。你会如何向我介绍这个人？"咨询师魏蓝天问小组的成员们。

"女士，做媒体工作的，我们是在一个媒体大会上认识的。她瘦瘦高高的，长发披肩，很精致的妆容，却遮不住疲惫的脸，黑眼圈很重……"楚山川第一个发言，他想了想继续说，"她可能喜欢看韩剧，我见她总在朋友圈分享韩国影星。她可能喜欢喝咖啡，因为那天大会上她自带了一个咖啡杯，我在朋友圈也见她分享过那个咖啡杯。"

楚山川开了一个好头，接下来，大家纷纷介绍自己通信录里的第 28 个人。直到林江河，她犹豫了半天才开口："呃，一个自以为是、狂妄、令人讨厌的自大狂？"说完后，她摊一摊手，表示自己说完了。

魏蓝天把楚山川和林江河的描述分别写在了黑板两边，一边的关键词是"女士，媒体人，瘦瘦高高，长发披肩，精致妆容，疲惫面容，喜欢韩剧、咖啡"，一边的关键词是"自以为是、令人讨厌、自大狂"。

"我想请大家去想象这样两个人，想象他们就站在你眼前，尽可能鲜活地去构想他们的样子。好，目前你们觉得哪一个形象更丰富？"魏蓝天引导大家去想象。大家几乎同时指向了黑板的左边——楚山川的描述。

　　"大家发现了没有，当你对一个人一无所知，刚刚认识他时，除了他的外貌，让你更容易记住和认识他的，是楚山川提供的这类信息：性别、职业和兴趣爱好。但是你们看，其实林江河的描述是更有深度的，反映了这个人的性格特质。可是在我们还不认识这个人时，这些词对我们来说是抽象的，我们无法通过它们想象出这个人的形象。我们大脑中浮现的可能只是一个念头：林江河和这个人有故事。"魏蓝天开启了小组讨论的正题："所以，初识一个人时，谈论性格特质是无意义的，真正拉近双方距离的，反而是那些看似肤浅的话题：性别、职业和兴趣爱好。"

　　随即，魏蓝天在黑板上画下了一幅图（见图1-1）。

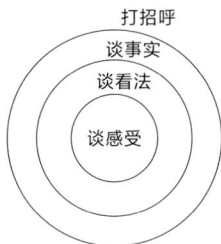

打招呼
谈事实
谈看法
谈感受

图1-1　沟通的三个层次

人和人的沟通，由浅入深、由外向内有三个层次，分别是"谈事实""谈看法"和"谈感受"，在这三个层次之外，还有一种接触叫"打招呼"，它介于沟通和非沟通之间，有时候传递沟通的信息，有时候仅有象征意义，并没有产生沟通。

接触一个人是从打招呼开始的，比如用社交软件互相加联系方式，发送一句话："你好，我是××。"这个招呼打完，你们就算知道彼此的存在了。我猜每个人的通信录里都有这样的人，你们除了知道对方的名字，对对方一无所知，你们的关系仅是点头之交。

关系真正的开始是"谈事实"，当你们分享一些关于彼此的"事实"时，关系就开始了。比如，楚山川在媒体大会上认识了"28号"女士，这次会面就产生了一些事实，两人是同行（媒体人），除此之外，两人微妙的联系也产生了，楚山川会记住"28号"女士的一些"事实"：韩剧、咖啡，或许还有一些工作方面的内容。大多数人的相识，都是从这些事实开始的。

但事实是客观的存在，不含任何主观的部分。真正接触一个人个性化的部分，要从了解这个人对事物的看法开始。表达自己的看法，会有一定的自我暴露，独到的看法能显示出一个人的水平，但平庸的看法一般也不损害人的自尊。看法就像我们的外衣一样，装饰着我们，体现我们的品位和个性。比如，如果"28号"女士很喜欢咖啡，懂得咖啡烘焙的各种方法，在和楚山川的交流中，分享不同烘焙方式带来的不同风味，以及自己更喜欢什么风味，这种交谈就包含了个人的看法与品位，会加深彼此的了解。

相比于表达看法，谈感受的沟通比较深入，它是一种完全的自我暴露，往往包含自己的一段经历和在这段经历中属于自己的独特情感。暴露自己的情感是有风险的，因为情感的背后往往涉及一个人的需求和价值。比如，一个人说"昨天和同事交流时，有一句话伤害了对方，自己为此感到内疚"，这暴露了他看重这段关系，希望能得到对方的谅解。情感背后涉及的需求与价值太重要也太隐秘了，这是人们对情感难以启齿的原因。

逐渐走近一个人，其实就是逐渐走过从打招呼、谈事实、谈看法到谈感受的沟通过程。在这个过程中，事实是关系的根基，感受是关系的核心。所以在初识时，谈论更多具体的事实是重要的，它是一段关系开始的根基。如果你根本不知道一个人的事实，只有对这个人的抽象描绘，那么这个人对你来说就会像林江河的"28号"一样，是一个虚无缥缈的存在。

所以，认识一个人，本质上就是认识这个人的事实。事实就像一棵树的主干，而围绕事实展开的看法与感受，是主干上延伸出的枝叶。什么是属于一个人的普遍事实呢？答案其实已经在楚山川的描述中了：性别、职业、兴趣爱好等。

● 职业角色与职业兴趣

正在从事的职业是一个事实，从职业这个主干延伸出的一些看法和感受，叫作"职业兴趣"。有些人可能在做一份工作，但心里真正想从事的是另一种职业，后者就是他的职业兴趣。有些人从事自己热爱的职业，那么对他来说，"主干"和"枝叶"就是协调一致的。

英文中的"What do you do？"和中文的"你是做什么的？"都是在询问对方的职业。可见，不同文化背景下的人们有一个共同的看法——职业是一个人的存在方式。如果你问第一次遇见的人"你是做什么的"，对方不会误解，人们都知道"做什么"是指从事什么职业。

一个专业、一个领域、一份职业，天然有一种凝聚力，吸引着有某种"共同特质"的人投身其中。每个人都能讲出一些关于自己的职业故事。

比如一位医学生讲出的职业故事，可能是年少时因祖辈患病去世而哀伤，这种生离死别的哀痛让他决心投身对生命科学的探索，立志战胜疾病与痛苦；一位律师或法官的职业故事，或许是因为遭受某些委屈或不公的待遇而痛下决心为世界的公平正义奋斗；而一位心理咨询师的职业故事，往往是自己曾经被情绪困扰，因机缘巧合被他人倾听、接纳，从而认识到人际关系中接纳和倾听的力量。

总有一些"职业故事"发生，记录下那个"决定性时刻"，让人们意识到选择这份职业是自己接收到了或清晰或模糊的感召，被天然的职业凝聚力吸引，一步步走进了这个世界。职业兴趣与职业选择一致的人通常是这种状况，他们可以讲出自己的"职业故事"，讲出自己的初心。

而那些职业兴趣与职业选择不一致的人就没有那么幸运了，他们可能会讲出很多困难和阻碍，让他们对自己真正想做的事情望而却步。甚至有些人持续地迷茫，对什么是有意义、有价值的事情感到困惑，不知道自己想做什么。他们觉得，大家都在做的事情、挣钱的事情，我就去做，先这样活着，反正不会出错。

但这并不意味着这些人没有"职业故事"，他们只是被一些现实或想象的困难吓住了。恐惧感越强烈，内心"职业故事"的呼唤便越遥远，声音越微小，以至于逐渐听不清、听不见，只能在现实或想象的困难里挣扎，从事自己觉得"不得不做"的事情。而一旦安抚了恐惧，重获安全感，这些人内心的"职业故事"就会逐渐浮现出来，唤起他们的激情和梦想。

前面讲到，职业具有凝聚力，天然会吸引具有相同特质的人，这是职业的第一个特点；职业的第二个特点是具有塑造力，它会塑造和改变正在从事它的人。对人间的悲伤见得多了，人会更具有悲悯之心，这是警察、消防员、医生等救助性质的职业会塑造的特质；对世事的不公见得多了，人会更有义愤与慷慨，这是律师、法官等审判与辩论性质的职业会塑造的特质。

不过，这种塑造是有限的，人人都有自己的品质与独特性，标签化地去看待从事某一职业的人往往会形成偏见。例如，人们常常对心理咨询师有这样的偏见：你是咨询师，肯定很会处理情绪，你一定乐观开朗、生活幸福吧。当你因某件事对带有这一偏见的人生气、着急时，对方就会用你的职业批评你："你可是咨询师，你怎么能生气呢？"同样的情形还有，警察也会害怕，医生也会无助，律师与法官也会有自己的偏向。每个个体都有丰富的内在世界，简单地给从事某一职业的人贴标签不可取。

这里讲到的职业塑造力是一种倾向，当你把一件事重复做一千遍、一万遍之后，必然会形成对这件事的"肌肉记忆"，几乎不用去想，就知道如何去做。这种习惯的力量，会成为你性格的一部分。所以，职场老手在找工作时可能会被问这样的问题："你在以前的工作中有怎样的收获？形成了哪些职业习惯？"职业习惯就是职业塑造力留下的痕迹。

职业的凝聚力可以帮你了解一个人的初心，在他早期的生活图景中，看到他第一次形成对这个世界的深刻情感时做出的"重大决定"。初心往往具有幻想性，它天马行空、充满想象，有时甚至是幼稚的，但它可爱、有活力、充满激情。

职业塑造力可以帮你了解一个人的经历，他过往的经历让他形成对世界的认识，这种认识往往是现实性的，立足于实践、具有实际生产力的。它是成熟的，但有时也会让人悲观、缺乏动力。

你看，一份职业就可以帮助你了解一个人如此丰富的内在世界，它不仅是一个人的现在，也是他的过去和未来。

● 兴趣：你如何安排你的闲暇时光

如何安排自己的闲暇时光是一个非常重要的问题，它决定了一个人工作之外的生活图景。同样，闲暇时光的安排也可以像"职业凝聚力"和"职业塑造力"一样，从幻想与现实、过去与未来的角度去理解。我们也可以创造两个类似的概念描述它——兴趣凝聚力和兴趣塑造力。

兴趣凝聚力是初心，是你选择在闲暇时做这件事的动力，是当你决定要做这件事的瞬间，潜意识里发生的微妙反应。

于是你会发现，喜欢周末聚在一起去空地里玩滑板的青年们，都有股挑战自我、追求速度与腾空、享受激情与危险的冲劲。活动本身的性质吸引他们聚集在一起。

这个凝聚力也可以追溯到每个人记忆中深刻而复杂的"兴趣故事"。它可能是一段辛酸、悲伤的经历，也可能是充满兴奋与成就感的体验。总而言之，它能够连接到个体记忆中某些印象深刻的经历或体验。

同样，那些兴趣爱好的最初体验，也往往带有幻想性质：第一次触摸钢琴的小朋友会幻想自己成为钢琴家，在舞台上如入无人之境，陶醉于音乐里；第一次踢足球的小朋友会想象自己站在世界的舞台上，一举击败偶像球队时要以什么姿势庆祝胜利；第一次放风筝的小朋友会想象春风把动画片里的角色都带到自己身边来，就像它带走风筝一样……这些幻想都非常深刻地牵动人们内心最具童心、最具活力的部分，是让内心保持活跃的源动力。

兴趣塑造力就是当你对某件事情投入足够多时间后，你会逐渐被这件事情所塑造。同样是看一部经典电影，爱音乐的朋友对背景音乐十分敏感，爱摄影的朋友对电影的镜头语言更敏锐，爱文学的朋友对影片的台词津津乐道。这是你的直觉与习惯使然，是你反复做某件事之后的"肌肉记忆"。

兴趣的另一个重要关联因素是场景。一个兴趣爱好，往往关联一个场景。宅在家里看一场电影和去剧院看一场演出，带给你的体验是非常不同的。场景意味着互动，互动意味着社交。居家活动体验的多是虚拟社交，而现场活动体验的是现实社交。

这两种社交给人带来的感觉是复杂的。虚拟社交给人非常充盈和丰富的感觉，你可以同时打开 10 个聊天框，在手机和电脑上播放好几部电影，看 3 分钟感觉不好看就立即切换掉。你似乎拥有了全世界，所有的资源任你选择。但虚拟社交给人的感觉又是空洞而不可触及的，你和屏幕那端的人，无论聊得多么热络，始终有一根弦在提醒你——这是在网上，真实世界里，对方是这样的吗？你感觉屏幕那端永远不可触及。

相反，现实社交是有限而具体的，你在同一时间只能和这一个人或一群人说话；坐在电影院里，这 2 小时你就只能看你选择的那部电影，没办法把它切换成另一部影片。所以，如果选错了对象，不论是人、电影、音乐或其他东西，那么接下来的特定时间内，你都得硬着头皮承受这个选择带来的后果。于是，现实社交变得很有风险，因为当它不合意时，你不能像在线切换节目一样，马上把它换掉。不过，现实社交有虚拟社交不可替代的鲜活感，你可以真切地触及眼前的人、事、物。

所以，选择现实场景还是虚拟场景，是一个人安排闲暇时间非常关键的特点。

通过"你如何安排你的闲暇时间"这个问题，了解自己和他人的兴趣所在，你会更深入地了解自己和他人。

● **吃：不仅通往胃，也通往味觉与记忆**

在外漂泊的人，每年返乡后总会从家里带些腊肉、腊肠或其他家乡的特色食品回到工作的城市。大家每年都乐此不疲地这么做，因为他们工作的大城市里虽然什么吃的都有，却买不到家乡的味道。

在异乡工作的珠三角人，如果能在上午十点半悠闲地吃上一顿早茶，他们会觉得一下子就回到了儿时父母带自己去的某个酒家。几样点心、两份粥品、一壶茶，就可以和朋友待上一上午。南方的朋友去北方工作，发现那里的早餐总是包子馒头，如果楼下有一家粉面馆，早上能吃上一碗牛肉粉，才觉得真正吃了早餐。这样的场景不胜枚举，每个人都有自己偏好的口味和食物。

吃，不只是通往胃，也通往味觉与记忆。人们之所以那么怀念和喜爱家乡的味道，背后是成长过程中的情感记忆。有让人珍视、怀念，感到幸福的味道，也有让人难受、厌恶，感到痛苦的味道。我身边很多不喜欢吃胡萝卜的人，他们都有一个从小逼迫自己吃胡萝卜的妈妈，这种压迫感让他们对胡萝卜产生了厌恶。

与吃相关的，更普遍的情感记忆是好坏参半的。最初吃到的美食，变成一种被幸福包围、被悉心照顾的愉悦体验，细微之处可能还含着体会某些神奇味道时的兴奋与激动，边吃边聊天的人际联结与亲密，吃饱喝足后躺在沙发上什么都不用做、什么都不用想的悠闲与痛快……当然，也有被妈妈追着喂饭的压迫感，哪怕你已经吃饱了，但"妈妈觉得你没饱""妈妈觉得你需要吃"，这种与食物相关的噩梦般的记忆，可能让你一看到某种食物就备感压力。

所有这些对某种食物的情感体验，都与你初尝它时的记忆相关。

如果你能和某个人吃到一起，就和对方那些与吃相关的情感和记忆联通在了一起。

感受亲密
在关系中获得幸福的艺术

了解：怎样去了解一个人

"说说你们爱上对方的那个瞬间。"魏蓝天邀请人际关系成长小组的成员分享自己印象最深的一段恋情的起源。

"在一次聚会上，他说他很少和朋友聚会，因为散场时容易忧伤。所以那天散场时，只有我和他留到最后。我们一直聊到快半夜了，好像有说不完的话。他说自己小学四年级时被送到外地上学，爸妈把他送上车，车门关上的那一瞬间，他内心涌出一种'这一别，会不会就再也见不到了'的想法，尽管这种想法很不理性，但那一刻，自己内心深感忧伤。此后的每一次分别，无论和谁，无论关系亲疏，他都会有相似的感觉。"林江河说，"他说的那种'这一别，会不会就再也见不到了'，一下就戳中了我，我告诉他，我6岁时有一条粉色方巾丢了，那是我睡觉时总拿在手里，可以安抚我入梦的东西。突然有一天早上，我醒来发现它不见了，妈妈说我总这样拿着它睡觉不健康，把它扔掉了。那一刻我感觉'这辈子，我再也见不到我的粉色方巾了'。后来，我变得很难扔东西，哪怕绝对用不上的东西，也会留着，心想'万一哪天用得着呢'。他对人的留恋不舍，一下就戳中了我对物品的留恋不舍。那一刻我们好像立即就对彼此不舍了。"

"分离 vs 留恋不舍"，魏蓝天在黑板上写下关键词。

"大三时，她在'十佳歌手大赛'中获得第二名，我们给她开庆功宴，中途她一个人出去了，大家以为她去了洗手间，我觉得她出去时表情很忧郁，就跟了出去，果然，她一个人在默默地抽烟。我问她是不是心情不好。她说，她对获得第二名一点都不开心，自己从小到大总是因为考试考第二名被妈妈骂。有一次，她考了一次年级第一，高兴地拿着试卷给妈妈看，妈妈却一巴掌打过来，说'你嘚瑟什么，不过是碰巧而已，你看看你错的题目'，从那之后，她再也没考过第一。"楚山川接着说，"听她讲了这些，我突然鬼使神差地脱口而出'在我心里，你是第一名'。后来我俩就在一起了。"

"被否认 vs 被认可"，魏蓝天在黑板上写下关键词。

接下来，大家纷纷分享自己的初恋故事。黑板上渐渐写满了关键词，"忽视 vs 关注""被抛弃 vs 被照顾""被憎恨 vs 被热爱"……

"你们有没有发现？"魏蓝天总结道，"了解一个人的本质，是了解其核心情感。"

这就是我们讲的沟通的最深层次：谈感受。可是和一个不了解的人如何谈论感受呢？有两个工具可以帮助你了解，谈论什么可以深入一个人的核心情感。

● 阿瑟·阿伦的"爱情 36 问"

第一个工具是著名的"爱情 36 问"。你可能在社交媒体上经常见到它。"爱情 36 问"是阿瑟·阿伦（Authur Aron）在 1997 年发表在《人格与社会心理学公报》（*Personality and Social Psychology Bulletin*）上的论文，题为"人际亲密感的实验性激发：一项程序和一些初步结论"（The Experimental Generation of Interpersonal Closeness: A Procedure and Some Preliminary Findings）。文中描述了阿瑟·阿伦团队设计的一项实验，目的是回答人际关系中的亲密感到底是怎么产生的。阿瑟·阿伦的假设是，创造亲密感的氛围和环境与一定程度的自我暴露（self-disclosure）导致了亲密感的产生。

他们邀请了一些陌生的男女，将他们随机两两分组，两个完全陌生的人共处 45 分钟，互相询问与回答对方的 36 个问题，这些问题是实验者精心设计的。相处 45 分钟后，让两个素不相识的人对彼此的亲密感进行评分，结果发现，人们普遍感觉和对方的亲密感提升了。

于是，这 36 个问题就变成了神奇的"爱情 36 问"，在网络上被广泛传播。说它是"爱情 36 问"其实并不确切，实际上这 36 个问题提升的是彼此的"亲密感"。而亲密只是爱情非常重要的一部分，并不是全部。

但如果你想了解一个人的核心情感，和对方更加亲密，不妨了解这 36 个问题，它们被分为 3 组，由浅入深、层层递进。

第一组

1. 如果可以任选世界上每一个人，你最想和谁一起共进晚餐？

2. 你想出名吗？想以什么方式出名？

3. 打电话前，你会事先在心里想一遍要说什么话吗？为什么？

4. 在你心里，一个完美的日子是怎样的？

5. 你上次唱歌是什么时候？自己唱还是对着某人唱？

6. 假设你能活到 90 岁，而你可以选择 30 岁以后身体不会变老或大脑不会变老，你希望在你人生的后 60 年里拥有 30 岁时的大脑还是 30 岁时的身体？

7. 你有没有预感过自己会死去？

8. 指出你和我的 3 个共同点。

9. 你人生中最感激的是什么？

10. 如果可以改变你的成长过程，你想改变什么？

11. 用 4 分钟尽可能详尽地告诉我你一生的故事。

12. 如果你明天醒来时能得到一种新的能力或品质，你想要什么？

第二组

13. 如果有个水晶球可以预测你的未来及一切，你想知道什么？

14. 你有没有梦寐以求的东西？为什么你还没有得到？

15. 你人生中最大的成就是什么？

16. 在友谊中你最珍惜的是什么？

17. 你最珍贵的回忆是什么？

18. 你最糟糕的记忆是什么？

19. 如果你知道你的生命只剩下一年，你会改变你的生活方式吗？为什么？

20. 对于你来说友谊意味着什么？

21. 爱情和感情在你的人生中起了什么作用？

22. 分享你觉得你的搭档拥有的 5 个优点。

23. 你觉得你的家庭亲密温暖吗？你是否觉得你的童年比其他人更幸福一些？

24. 你和妈妈的关系怎么样？

第三组

25. 以"我们"为主语造 3 个句子。比如"我们都在这间屋子里……"

26. 接着上面这个问题说："我希望我有一个能和他分享……的人。"

27. 如果有人想成为你的好朋友，请分享你认为很重要并一定要对方知晓的事情。

28. 告诉你对面的人，你喜欢他什么？必须中肯诚实，说一些你可能不会和第一次见面的人说的话。

29. 分享一个你人生中的尴尬瞬间。

30. 你上一次哭是什么时候？是当着别人的面哭的还是自己一个人偷偷哭的？

31. 告诉对面的人，你已经开始喜欢他的哪一点。

32. 对于你来说，有什么事情是不能随便开玩笑的？

33. 如果你今夜就会死去，而且没有机会和任何人说，你最遗憾没有说出口的话是什么？你为什么还没有说出口？

34. 假如你的家着火了，而且你所有的东西都在里面。如果在救出你的爱人和宠物后还有机会安全地救出一样东西，你会救什么？为什么？

35. 你的家庭中谁死去会最让你不安？为什么？

36. 分享一个你的私人问题，请对方换位思考：如果对方是你，他会如何处理。请对方感受一下：在面对这个问题时是什么感觉。

在了解一个人之前，不妨问问自己这 36 个问题，它也能帮助你了解自己，进入自我的核心情感。你会发现，了解自己也并非一件容易的事。

当然，这 36 个问题并不能概括一个人情感的全貌，人的内在情感是丰富的宝藏，绝不仅限于这些领域。这 36 个问题启发我们，如果人们互相袒露自我，把内心世界隐秘的部分告诉对方，而对方认认真真地倾听，并记住了这样的你，双方的亲密感就产生了。

● 成人依恋访谈

另一个了解彼此的工具是成人依恋访谈（adult attachment interview，简称 AAI），用这个工具可以了解一个人的依恋模式，而依恋模式是人们建立与维持亲密关系的内在模式。

> 明明心中是爱，
>
> 偏偏说出了恨。
>
> ——歌曲《我爱你，我恨你》

在亲密关系中，我们常常有这样的矛盾：你会因为太爱而恐惧和害怕——害怕失去，但表达出来的却是恨。这种内心的矛盾源自我们和重要他人的依恋过程。而爱正是这样的一个依恋过程，它起源于人在早期对母亲的内在依恋模式。

1978 年，著名心理学家玛丽·安斯沃斯（Mary Ainsworth）做了一个非常经典的实验，让我们看到了婴儿对父母的依恋有怎样的不同。这个实验叫作"陌生情境实验"，一共分 8 个步骤，如表 1-2 所示。

表 1-2 "陌生情境实验"步骤

步骤	在场人	持续时间	情境变化
1	母亲、婴儿、实验者	30 秒	实验者向母亲和婴儿做简单介绍
2	母亲、婴儿	3 分钟	实验者离开房间
3	母亲、婴儿、陌生人	3 分钟	陌生人进入房间
4	婴儿、陌生人	3 分钟以内	母亲离开房间
5	母亲、婴儿	3 分钟以内	母亲回来、陌生人离开房间
6	婴儿	3 分钟以内	母亲再次离开房间
7	婴儿、陌生人	3 分钟以内	陌生人回来
8	母亲、婴儿	3 分钟	母亲回来、陌生人离开房间

实验者让母亲带着婴儿进入房间，给母婴做简单的介绍。随后，实验者离开房间，让母亲陪婴儿玩耍。3 分钟后，一位陌生人进入房间，此时母亲依然在婴儿身边，观察婴儿的反应。3 分钟后，母亲离开，留婴儿独自和陌生人在房间，这是第一个关键时刻，象征着重大的分离，观察婴儿在这个分离时刻有何反应。过了一会儿

（3分钟以内），母亲回来，陌生人离开房间，这是第二个关键时刻，象征着分离后的重聚。观察婴儿在这个重聚时刻如何反应。随后再次分离与重聚，只是陌生人也不再待在房间里，观察婴儿独自待在房间里如何反应。

完成表1–2中的8个步骤，即完成所有任务。实验者发现，不同的受试婴儿在和妈妈分离与重聚的关键时刻，表现是不同的，他们表现出3种反应模式。

- 安全型：在母亲离开时，婴儿会感到焦虑，对母亲有不舍，但能较好地继续玩耍；母亲回来后，会特别强烈地要和母亲拥抱和接近。

- 回避型：在母亲离开时，婴儿似乎没有察觉，对母亲缺少依恋感；母亲回来后，婴儿也没有很强烈地想靠近母亲。他们好像对分离与重聚毫不在意。

- 焦虑/矛盾型：在母亲离开时，婴儿表现出极度不舍，十分焦虑和痛苦；母亲回来后，婴儿一方面非常想和母亲靠近，另一方面又似乎对母亲有些生气而不愿意靠近。

这些不同的依恋模式反映了婴儿与母亲的情感联结模式，会在很大程度上影响他们的整个人生。这是一种难以用言语描述的内在依恋模式，当你今后与人相处，面对分离、重聚，或者考虑这段关系是否稳固时，你内心总有些说不清道不明的感觉暗暗影响你做出选择，决定到底是靠近对方还是远离对方。

依恋理论奠基人约翰·鲍尔比（John Bowlby）说："人类的依恋行为伴随人的一生（从摇篮到坟墓）。"不论你是否相信，当你想靠近一个人时，会不可避免地受到生命早期靠近和远离母亲的经历的影响。虽然你不记得这样的经历，但它深深地隐藏在你的心智中，暗暗拨动你的心弦。鲍尔比把它称为"内部工作模式"。

这个"内部工作模式"真的会影响人的亲密关系吗？没错，真的会。菲利普·谢弗（Philip Shaver，1987）的研究团队一直关注人们在恋爱关系中的特点，他们发现，婴儿时期的依恋模式就像人们心灵的内在设置一样，为人们成年后的爱情提供价值取向。人们在爱情中的表现，不可避免地受到与母亲依恋关系的影响。所以谢弗说："爱情就是一个依恋过程。"

作为成年人，如何才能知道自己与他人的依恋模式呢？这就需要理解依恋模式所具有的三个特点。

- 它是非语言性质的；
- 它只能在关系中显现；
- 只能通过改变个体对自我体验的态度来改变它。

首先，它是非语言性质的。这意味着没有什么心理测验可以测出你的依恋模式，因为心理测验总是用语言来描述的。甚至安斯沃斯将依恋模式分成三种也过于简化了。后来的研究者越来越多地意识到，依恋不能被简单地分类，因为人的内在世界实在太复杂了，每个人的依恋模式都是这三类依恋模式的混合体，就像在一个色彩盘里调色一样，三原色的混合形成了色彩的五彩斑斓，而三类依恋模式的混合，使得人和人的依恋模式丰富多彩。

其次，它只能在关系中显现。这意味着你并不能通过想象自己会如何与人交往而得知它，你只有真正和对方见面、交谈、相处，才能从自己的情绪感受上意识到它。很多人非常善于在网络上交友，线下见面时却"见光死"，有的就是这个原因。"见光死"的原因可不仅仅是长相、身材不如意，这些只是借口，以防御真正和一个人靠近时内心的紧张、焦虑和不安的情绪。而这些只有四目相对时才能感受到的紧张、焦虑、不安，正是你"内部工作模式"的核心特点，它无法用想象和语言描述呈现，只能在"实践中"呈现。

最后，只能通过改变个体对自我体验的态度来改变它。如果你发现自己的依恋模式是"不安全"的，不论是具有回避特征还是焦虑特征，都很难通过讲道理或某种方法走出这种模式。因为它是非语言的，所以用语言和逻辑组织起来的"道理"和"方法"对它是无效的。只有从关系中获得自我体验，并改变你对这些体验（某种程度上是糟糕的体验）的态度，你才有机会从"不安全"的依恋困境中"逃脱出来"。

既然语言无法描述我们的依恋模式，那么我们如何知晓自己与他人的依恋特点呢？安斯沃斯的学生玛丽·梅因（Mary Main）于1985年创造性地发展出一套工具，叫作"成人依恋访谈"。和"爱情36问"相似，它并不是一个心理测验，而是一个访谈提纲，通过相互询问这些问题，以回答这些问题的过程本身来影响和观察对方是怎样的人。

下面是"成人依恋访谈"的原文。

1. 能谈谈你早期的家庭情况吗，比如你们住在哪儿？你的出生地是哪儿，你们是否搬过家，你的家庭在不同时期靠什么为生？

2. 我希望你能尝试描述一下你小时候与父母的关系，尽可能从你能记起的时候开始。

3. 请选择5个词语来反映你在儿童时期与母亲的关系，尽量从你能记起的时候开始，但5岁到12岁之间更好。我知道这需要花一点儿时间，你可以思考几分钟，然后我会问你为什么选择这些词语，并记下这些词语。

4. 请选择5个词语来反映你在儿童时期与父亲的关系，同样尽量从你能记起的时候开始，但5岁到12岁之间最好。这可能需要花较多的时间，你可以再思考几分钟，然后我会问你

为什么选择这些词语，并记下这些词语。（访谈者如上重复探查）

5. 你感觉自己和谁更亲近，父亲还是母亲，为什么？为什么与另一方没有这种感觉呢？

6. 当你还是一个小孩子时，怎样的时刻会让你感觉不安？你是如何应对的？

7. 在你的记忆中第一次与父母分离是什么时候？你有些什么反应？你还记得父母有什么反应吗？在你头脑中还有其他分离记忆吗？

8. 你小时候感到过被排斥吗？当然，现在回头来看，你可能意识到那不是真正的排斥，但我要问的是，你是否还记得在儿童期曾感到被排斥。

9. 你的父母曾以某种方式威胁过你吗？比如用纪律，或者只是开玩笑？

10. 总的来讲，你认为你与父母的整个相处经历对你成年后的人格有怎样的影响？

11. 你认为小时候父母为什么会那样做呢？

12. 你小时候有其他成年人像父母一样与你非常亲密吗？或者有没有其他对你而言特别重要的成年人？

13. 你幼年时经历过失去父母或其他亲人（例如兄弟姐妹等亲密

的家庭成员）吗？你在儿童期还失去过其他亲密的人吗？你成年后失去过其他亲密的人吗？

14. 除了你已经描述过的不幸经历，你还有其他可以被认为是潜在创伤的经历吗？

15. 现在，我要再问你几个关于你与父母关系的问题。你在儿童期之后，与父母的关系有什么变化吗？我指的是你在儿童期和成年之前有没有发生很大变化？

16. 当前你与父母的关系怎么样？

17. 现在我想问另一类问题——不是关于你与父母的关系，而是关于当前你与其他人（研究者关心的人物）的关系。当你与孩子分离时，从感情的角度来谈，你有什么反应呢？

18. 假如现在对你的孩子20年后许三个愿望，你会许什么愿望？你期望孩子的将来如何？你可以用一两分钟思考这个问题。

19. 你认为自己在童年经历中学到的最重要的是什么？是否有一些特别的事情？我在思考你从童年经历中可能得到的感受。

20. 在这次访谈中，我们非常关注你过去的经历，但是我希望以展望未来的方式来结束访谈。最后一个问题是，你希望你的孩子（或想象中的孩子）能从你对他的抚养经历中学到什么？

对于这样的访谈，你可能会冒出一连串的疑问——刚才不是说依恋模式是非语言的吗？访谈也是用语言进行的，怎能了解一个人的依恋特征呢？这就是梅因厉害的地方。她发现，访谈的重点并不在于回答的内容（语言），而在于被访谈者面对这些问题时的行为反应。换句话说，访谈的重点在于观察他们会如何回答。我们可以从对方的回答过程中观察到他们的内在对这些问题做了怎样的加工。

例如，研究者在实验中给不同依恋模式的 6 岁儿童看爸爸妈妈和小婴儿分离场景的图片，并接着对他们进行了如下访谈。

> 研究者问安全型儿童：这个小婴儿会做什么？
>
> 安全型儿童（咯咯地笑着说）：哭。
>
> 研究者：他为什么会哭？
>
> 安全型儿童：因为他真的爱他的爸爸妈妈。
>
> 研究者：因为他真的爱他的爸爸妈妈？
>
> 安全型儿童：是的。
>
> 研究者：他还会做什么？
>
> 安全型儿童：玩一会儿吧。
>
>
> 研究者问回避型儿童：这个小婴儿会做什么？
>
> 回避型儿童：我不知道。

研究者问：他能做什么？

回避型儿童：我不知道！

研究者：你有什么想法吗？

回避型儿童：哦，哦，（一边用玩具赛车弄出很大的声音）

不，我不知道。

研究者：不知道？

回避型儿童：呜——（模仿赛车声音），快啊！加速！

研究者问焦虑/矛盾型儿童：这个小婴儿会做什么？

焦虑/矛盾型儿童：追他们。

研究者问：追谁？

焦虑/矛盾型儿童：坐上他的新玩具车，去追他的爸爸妈

妈——他就噗——噗——噗（一边用

玩具赛车模拟）——追上去了。

研究者问：然后会发生什么？

焦虑/矛盾型儿童：然后他会，他会……拿出弓和箭射

他们。

研究者：射他的爸爸妈妈？

焦虑/矛盾型儿童：是的。如果他想射的话，有可能。

从这些 6 岁儿童的回答中，我们能明显地看到他们的依恋模式。面对让人焦虑、挫败和难受的分离情景，安全型儿童明显更加现实、一致，他和研究者的对话有来有回，有问有答，没有答非所问；回避型儿童明显对研究者的问题采取回避姿态；焦虑 / 矛盾型儿童则会用幻想式的姿态回答研究者，他的回答不现实，是一种沉浸在自我幻想世界里的状态。

对成年人的访谈，也可以采用相似的模式，通过他们回答的过程观察他们。

安全型成年人回答问题通常会比较客观，有一定的细节，他们会客观地描述发生了什么，自己是什么感觉，自己如何理解父母当时的感觉和考虑，以及现在的自己是什么感觉。他们能很好地区分过去和现在，区分自己的感觉和父母的感觉，区分自己的主观世界和外部的客观世界。

回避型成年人的回答通常会比较空泛，最常见的答案可能包括："我不记得了""这谁能记得""没有什么吧""我不知道""哎，你真烦，别问了"。或者直接简单地（其实口是心非）回答"我和父母的关系很好""他们对我很好""从来没有过"。

焦虑 / 矛盾型成年人的回答会比较激烈，带有强烈的幻想性质，很多回答可能源于自己的想象：比如"那时我特别恨他们，想象自己以后挣钱了，再也不受他们控制"（谈论很多幻想）。

当然，一个人的依恋特点并不能简单地用三个标签分类和概括，更为重要的是，在你们互相访谈这 20 个问题的过程中，你会非常深入地了解对方的过往，以及那些过往中非常重要、核心的情感体验。那些情感体验组成了他与他人关系的"内部工作模式"，也将会是他和你相处时如何对待你的模式。

这个模式里有一些不安全的地方。如果一个人可以用客观、清晰的方式去描述，往往意味着那些糟糕的体验并没有摧垮他，他依然拥有一个安全的内心；相反，那些说不出来的内容却会在日后的相处中随着一些莫名其妙的争吵、暴怒、羞辱、冷战慢慢显露。意识到并谈论那些感受，会修复曾经的体验，让过去那些糟糕的体验不再可怕。

如果你能更多地与他人谈论这 20 个问题，就意味着你拥有更强大的和他人建立亲密关系的能力。[①]

● **工具之外，你们共同的经历**

问问自己以下几个问题。

1. 你在生活中"扮演"怎样的角色？

[①] 原则上成人依恋访谈应由受过专业训练的人进行提问、记录，并根据专门的评价标准做出判断。普通人也可借此探索了解自己和他人的依恋模式，但不要盲目据此做出判断。

2. 你是别人眼里的好家长，父母眼中的乖孩子，还是为生活努
   力打拼的上班族？
3. 你是如何看待自己的：自信，开朗，敏感？

然后用 3 分钟时间回答"今天我是谁"这个问题并在纸上把答案写下来。可以是关于你的形容词、几句话或一小段文字。你可以写出多少内容呢？

人们常说，两个相爱的人相处久了，就会变得有"夫妻相"，生活习惯、行为举止，甚至眉宇间的气质都会越来越相似。

你有没有想过这是为什么？回答这个问题，就要从阿瑟·阿伦的另一项经典研究说起。

阿瑟·阿伦和他的团队在 1995 年进行了"陷入爱河：自我概念转变的展望性研究"（Falling in love：Prospective studies of self-concept change），对 325 名大学生进行了为期 10 周的调研。他们想探讨的问题是：恋爱关系是否会影响人们对自己的看法。

调研的内容非常简单，只是要求调研对象回答一个问题："今天我是谁？"让他们用 3 分钟时间，尽可能多地对这个问题进行描述。同时，他们会询问调研对象恋爱时的状况。十分有趣的是，研究结果发现，那些正处于恋爱关系的调研对象在限定的时间内对自我的描述更丰富，他们会从更多方面、更多角度，用更多的词汇来

描述自己。阿瑟·阿伦把这个现象称为自我拓展。

阿瑟·阿伦进一步研究发现，这种自我拓展的现象会深刻地影响个体的自尊水平。当个体能用更多词汇、更多视角看待自己时，他们会更加自信，拥有更高的自尊。

在日常生活中，我们在和家人、恋人、朋友相处的过程中随时会发生一些潜移默化的改变。你在和他人谈论一个品牌时可能会说"我妻子用这个品牌的唇膏"或"我丈夫戴这个品牌的领带"；在某个聚会场合，你可能会和朋友说："这是去年我男朋友生日时我们来过的地方。"

你们的一些共同经历组成了你们的共享记忆，随着这些记忆的沉淀，你们的认知、思想、观念，甚至态度和价值观会有越来越多的重合部分。渐渐地，你们在很多方面会变得越来越像对方，甚至性格或记忆会产生混淆，分不清彼此。

我在初恋时脸上长满了青春痘，那时我从来不会护理自己的面容。恋爱几年之后，我知道了许多护肤品品牌，开始敷面膜、涂防晒霜，逐渐变得重视保护自己的面部皮肤。这种改变缘于我的女友，她梳妆台上的护肤品，我顺手就拿来用，久而久之，在某种程度上，我会觉得她的东西就是我的东西。同样，我经常去健身房健身，久而久之，我女友也办了健身卡开始健身了。我们的资源、知识、观念、认同在这段关系中发生了改变。我开始认同把自己打扮得好一点儿是一件值得去做的事情，她开始认同运动使人健康，我们互相分享护肤和运动的知识与观念，带动对方去行动。

只有在恋爱后，我对"今天我是谁"的回答才有了这样的内容：今天我是一个爱美的人。

可能每一位投入恋爱的人都会有一些类似的经历。这是我们在关系中获得的自我拓展。当两个人开始一段亲密关系后，会自然而然地有一种把对方纳入自我的倾向，包括对方的知识、资源、观念、认同等，通过资源的积累，增加自己的能力，扩展自身的社会关系与角色。

自我拓展常常会带来积极的感受，让我们对自己的关系感到满意。我们会很骄傲地对别人说，这是我的某某某，他如何如何，好像他是自己的一部分，他的优秀就是自己的优秀。如果你想把这种积极的体验真正变成自己可以"随身携带"的力量之源，可以尝试做这样的事情：制作属于你的时光百宝箱。

你和亲密的人之间，一定有很多共享的时光，那些时光都是宝贵的财富。制作自己的时光百宝箱，就是将这些财富装进去，让它成为你可以随身携带的力量之源。你可以在自己的百宝箱中放一些自己觉得重要的物品，可以是照片、纪念品，甚至是一句话（用纸写下来），任何物品都可以，只要你一看到它就能获得力量，让你在困难时振奋起来。

当你收集好这些物品，制作出你的时光百宝箱时，你会发现，里面几乎所有的东西都是"回忆"。你对每一个物品都可以讲出一个故事。所以，共享时光是你和亲密的人之间的心灵财富和前行力量的源泉。

所以，今天你是谁？当你拥有一个满满的时光百宝箱时，你对这个问题的回答会有更多积极的描绘。

第二章

磨合期

从"我"到"我们"：关系中的共生性

"我们来玩一个游戏。每个人轮流说出一个自己'不为人知'但又觉得可能别人也有的特点，注意一定是'不为人知'的特点。然后大家举手反馈自己有没有这个特点，每有一个人表示自己有这个特点，这一轮你就得1分，如果其他几位成员都有这个特点，你这一轮最多可以得7分。最先得到50分的人获胜。"魏蓝天邀请小组成员开始玩这样一个游戏。

楚山川第一个发言："我脱下袜子后，会闻一闻臭不臭。"小组成员中有6个人举手，楚山川在这一轮得到6分。

林江河接着发言："我小学时特别喜欢坐在教室最后一排，这样的话，即使我在上课时挖鼻孔，也不容易被看见。"有3个人举了手，随后又有2个人表示，自己虽然不一定要坐在最后一排，但也喜欢躲在没人的地方挖鼻孔，于是林江河在这一轮得到5分。

随后，小组中的8个人一轮轮发言，纷纷披露自己那些"不为人知"但又觉得可能别人也有的特点。游戏进行到第8轮，楚山川率先得到50分。

完成这个游戏后，魏蓝天在黑板上写下了两行字："我更喜欢自己了 vs 我更讨厌自己了""我更喜欢大家了 vs 我更讨厌大家了"。魏蓝天说："现在请大家用 0～10 分在这两个维度上打分，比如第一行，10 分就是满满的'我更喜欢自己了'，5 分就是在游戏前后没变化，0 分就是满满的'我更讨厌自己了'，中间的分数代表中间的程度；第二行同样也按这个标准打分。"

之后，魏蓝天根据大家的分数统计出了一个平均值，发现在玩过这个游戏后，大家在"我更喜欢自己了"这一项的平均得分是 7.8 分，而在"我更喜欢大家了"这一项的平均得分是 8.3 分。这说明，大家在"更喜欢自己了"这点上平均增加了 2.8 分，而在"更喜欢大家了"这点上平均增加了 3.3 分。

随后，魏蓝天在黑板上写下："共享"创造喜悦。

● **共生：人生的起点，喜悦的来源**

> 婴儿是不可能独立存在的，如果你看见一个婴儿，就一定会同时看见他的妈妈。这个世界实际上没有婴儿这种东西。
>
> ——温尼科特

如果你有养育婴儿的经验或有机会观察母婴互动，你会发现，婴儿的喜怒哀乐几乎完全随着母亲的关注、忽视、欣喜或烦躁等回应起伏。就像一支双人舞，母婴二人配合得天衣无缝，你迈出左脚，我退回右脚。

当婴儿从母亲注视自己的眼神里看到欣喜、快乐时，他会感到自己被发现了，于是也咯咯地欢笑起来，这是人感到喜悦的起点——在母亲怀里，被她发现、关注和爱着。他们共享这份彼此关注和分享的喜悦之情。

在他人的眼睛里看到"我"自己最真实的模样，这是无比令人喜悦、兴奋的。所以当魏蓝天在团体中为大家创造一些"共享"经历时，大家因从彼此身上看到了自己的一部分而"更喜欢自己了""更喜欢大家了"。这种喜悦、喜欢的情感，可以连接到遥远的婴儿时期第一次从母亲的眼神里看到那个全然的自己，那是我们感到喜悦的起点。这一起点有个名字，叫"共生"关系。

"共生"是一种极致的关系，你中有我、我中有你。在成年人的世界里，这种关系已经不复存在，每个人都有独立于他人的自我。所以，对阅读这本书的朋友们来说，"共生"只是一种想象，甚至是幻想，我们无法在自己的内心世界里完全对应上这种体验，只能试图去接近它，用一种类似数学中的极限思维去逼近那种"母婴般的共生关系"。

而"共享"就是通往"共生"之路的铺路石。在魏蓝天的人际关系成长小组中，大家把一个个"不为人知"的事"共享"出来后，便朝着"共生关系"迈近了一小步。把这样的一小步一再重复，直到无穷大，你便可以在抽象意义上想象"共生"意味着什么了。

它意味着大家在"更喜欢我自己了"和"更喜欢大家了"这两种感觉上不断加分，极限地逼近 10 分。最终，你将一天 24 小时的每一分、每一秒、每一瞬间的每个思想，都与大家"共享"。当然，你无法真正做到这一点，甚至想象不出这样会如何，但你知道，婴儿的世界就是如此，他 24 小时和母亲在一起，即使有些时刻母亲不在婴儿身边，但在婴儿的心智里，他和母亲没有区别，母亲在他就在，母亲不在，他便不在。

当你和他人"共享"一些存在时，你们创造了一个微型的"母婴关系"。这也是为什么在亲密的关系中，我们呼唤彼此的昵称时内心会充满孩童般的喜悦之情。因为亲密必然包含退行，退到更早的"孩子与母亲"的亲密感中。当然，人们无法达到真正的母婴般的共生关系，而只是逼近，但这种逼近，已足够让你喜悦。

● **共生的安全与满足感**

在成年人的世界里，共生关系并不存在，但这种抽象的描述给我们指明了一个方向。就像数学概念中的绝对圆形在现实中并不存在，但祖冲之通过割圆术的方法，用圆内接正多边形的周长去无限接近圆的周长，从而算出圆周率的近似值。[1] 通过共享彼此的内在世界，人与人也会逐渐接近想象中的共生关系。这个接近的过程中会充满令人惊喜的时刻，让人一次次发现：原来你也在这里！

林江河的上一段感情就是如此，她和大家分享了这样几个故事。她和初恋对象是在一个不知名的画展上相遇的，在展厅一个不起眼的角落，有一幅小画几乎无人问津，但一位男士一直站在那里专注地盯着它。林江河有些好奇，是什么东西如此吸引他？走近后，她看到的是一幅平平无奇的山水画，但再定睛一看，这幅画上有一块正正方方的天空一般的蓝色色块，突兀地呈现在中间。林江河几乎脱口而出："齐马蓝。"[2] 正是这句话，让两人的心灵相遇了。他们在这幅致敬"齐马蓝"的小画前相识，象征着他们的初心一样。林江河每次讲起这段感情，都少不了"齐马蓝"的故事。

那天他们便约在小餐馆吃饭，一直聊到餐馆打烊。彼此有说不完的话想和对方分享。当一个小的节点产生火花后，人不免开始运

---

[1] 魏晋时期的数学家刘徽首创割圆术，用圆内接正多边形的周长近似计算圆的周长，一直算到了正 3072 边形，求得了圆周率为 3.1415 和 3.1416 这两个近似数值。南北朝时期，祖冲之在这一基础上继续努力，使圆周率精确到了小数点后的第七位。——编者注

[2] 在剧集《爱，死亡和机器人》中，现代派艺术家齐马喜欢描绘星空。但特殊的是，他每次发布的作品里都会出现一块蓝色的留白，那是一种特别的蓝色，人们称它"齐马蓝"。——编者注

用"极限思维",自然地会想接下来还会有一次又一次的碰撞,而碰撞便果不其然地一次次发生了。

他们谈论彼此对爱情的憧憬,"齐马蓝"男孩给林江河讲了一个故事,那是一个电影片段,但他不记得来自哪部影片了。故事讲述了一个劫匪,在周五的早晨去社区的小超市打劫,当他用枪指着老板——一个40岁出头的中年男人时,老板无动于衷,坚决不肯把钱交给劫匪。第一次打劫的劫匪内心慌乱了:遇到一个硬汉,这可怎么办。正当这时,老板的女儿背着书包从楼上走下来,劫匪立即将枪口指向老板的女儿。还没等劫匪开口,老板已经把收银台里的钱全部倒在了桌子上。那种慌乱和恐惧的表情是自己面对枪口时完全不存在的。"齐马蓝"男孩说,那一幕打动了他,让他感受到那才是人类情感中最热烈、最美好的部分。这个情节也一下子打动了林江河,她看到一些悲惨的社会新闻时,时常会想,如果我遭遇危险,我的伴侣会不顾一切地救我吗?有没有一些情感能让人超越自私、个人利益而为他人奋不顾身?这是林江河所渴望的,而她在这位"齐马蓝"男孩身上看到了这一点。

随着相处,两人之间共享的"秘密"越来越多,朝向共生的感觉越来越强。我们常说,恋爱很久的情侣,会有一种"左手摸右手"的感觉,好像对方也是自己的一部分。习惯了对方的存在,热烈的感觉也不再那么热烈,痛苦的感觉也不再那么痛苦,更平稳也更安全。在这种平稳与安全里，人们容易获得一种持续而平静的满足感。

● 共生的危机

在无数个分手案例中，有这样一个常见的描述："我们彼此太熟悉了，所以他很清楚怎么做可以轻易地伤害我，同样，我也知道怎样可以轻易地伤害他。"

朝向共生的过程，就是不断分享与暴露自我的过程，在这个过程中会不可避免地暴露自己的软肋。而有时候，对方会成为你的软肋本身。就像"齐马蓝"男孩分享的那个故事所呈现的一样，坚毅勇敢的超市老板丝毫不畏惧劫匪的枪口，但女儿的安危成了他的软肋。

单身时，林江河尽管孤单，但总觉得生活很容易，自己"一人吃饱，全家不饿"。她甚至常常觉得，生命停留在这一刻或某一刻，自己的人生也已经值了，每前进一步，都是赚到的。她从不相信自己内心深处的热烈与痛苦能够被他人理解，甚至她自己都时常搞不懂自己会"抽什么风"。有时候，一个热烈的冲动涌上来，她会想去一个无人认识自己的陌生地方感受风土人情、山水风景；有时候，她会突然受好奇心驱使，一个人去蹦极或冲浪，伴飞鸟和海鸥跳舞。单身的她是热烈、极致、动荡的。

谈恋爱的那几年，林江河把自己所有的热情都投注在那个具体的人身上了。她可以十几天没日没夜地和他待在一起，做简单的早餐，吃外卖，熬夜。她的世界里几乎只有他，她的客观活动范围也变小了，不出这座城市，甚至不离这个小屋。这几年，她感觉自己平稳了许多，因为内心的动荡有了一个安放之处。对方很懂她的内心渴望及热烈与动荡所在，当林江河的这一切被一个具体的他人所倾听、接纳并理解时，她变得安稳下来。

但这种安稳中却潜藏着危险的因素——"依赖"。林江河有时会明显感觉到一些分离的焦虑，比如对方因为出差要离开她几天，她会感觉有一种撕裂感，像自己的一部分离开了自己；有时候这种感觉很轻微，比如对方没有陪她下楼倒垃圾，她就会在独自上下楼的短暂过程中不停地打开手机，在不同的社交媒体间来回切换，偶尔关上手机，心头会涌出淡淡的与家分离的不安和孤独，就像一块方糖融进一桶水中，味道很淡，但仔细品味，确实和从前不同。

危险和恐惧就悄悄地藏进这或重或轻的分离焦虑中。像一块强力胶粘在了皮肤上，哪怕只是想象撕掉它，都会心中一紧。一旦两人共享了足够多的生活，逐渐朝着共生模式发展，一股为分离而焦虑的潜在动力就会影响彼此的相处。你会不断渴望和对方再靠近一点儿，不停地确认"我们没有在远离彼此"。

除了为分离而焦虑，共生的另一个焦虑来自融合。当我融入你，你融入我，一个独立的我便不存在了。

你和伴侣是否曾为周末如何安排而争执？为谁做饭谁洗碗而

吵得不可开交？为电视柜要买白色的还是买灰色的而冷战三天？为你要不要为了获得升职机会接受派驻外地的工作而争论不休？生活中有数不清的大事小情，你们的想法可能存在分歧，当某一次你放弃了自己的想法听从对方的意见时，融合焦虑的感觉便出现了。比如，你们最后选择了灰色电视柜，那个喜欢白色电视柜的"你"便在和对方的共生关系里被消灭掉了。你逐渐适应了灰色电视柜，觉得它也不错（也只能觉得它不错，毕竟你已经拥有了它）。对更重大的选择，你也会有许许多多的放弃与妥协，比如放弃升职而回归家庭，同意花掉几年的积蓄去环球旅行，改变很多很多在你独自生活时可能会做的选择。

你是焦虑的，焦虑自己变得"随大流"地过着柴米油盐的普通生活，没有了自己的个性。你的梦想、愿望、好多好多幻想中生命的可能性，都在共生关系里逐渐缩窄。你可能要扎根于这座城市，不再漂泊，你感到安心、安稳的同时，或许也感到平淡、无趣、缺乏新鲜感：每天走同一条道路上下班，进出同一个房子，看着相似的电视剧度过一个个夜晚。动用人类习惯的极限思维去体会这一切——或许未来就一直这样了，这种感觉令人焦虑。

于是，融合焦虑与分离焦虑构成了一对张力，让你既想离开又想依赖。不能靠得太近，也不能离得太远。刚刚好的距离，才是最佳的体验。

共生中的幻想与渴望

妈妈们常用"衣来伸手，饭来张口"来讽刺孩子不干活，但那也是一个人舒服的状态。每个人都希望自己被照顾，这种渴望的极限是完完全全、无微不至、无所不在的 360 度无死角的被照顾，这也是人最舒服的状态。

我小时候听大人们讲过一个讽刺懒惰之人的故事。说有个小伙子特别懒，父母每日给他喂饭，他从来不用下床。有一次，父母需要离家一段时间，他们很怕小伙子会饿死，于是给他做了一张大饼，挂在他脖子上，心想这饼可以供他吃好多天，他就不会饿死了。可是当父母回到家时，小伙子还是饿死了。原来，那个小伙子只吃到嘴边的一半饼，另一半在他脖子后面，他懒得伸手把饼转过来，就饿死了。第一次听到这个故事时，我才几岁，头脑里还充满了天马行空的幻想。我并没有感觉到故事中的讽刺意味，而是在想，他的父母怎么不发明一个可以自动旋转的装置，把大饼一口一口精准地塞到他嘴里呢？

随着科技的发展，人们越来越多的需求得到了满足，出行越来越便利，美食越来越丰富，衣服首饰应有尽有，居住环境越来越智能，很多事情逐渐被机器代劳，我们的生活确确实实越来越接近"衣来伸手，饭来张口"的状态。但像挠挠背部的痒处这样几乎每天都会产生的微小的需求，你可能永远无法被完全满足。

实际上，人生中有一个短暂的阶段是完完全全被照顾着的，那就是在妈妈子宫里的时候。你无须张口，营养就源源不断地输送进你的身体里；你无须穿衣，妈妈的身体就是你最温暖、最安全的外衣。你被紧紧包裹着，完完全全地安住在子宫里。你当然不会记得这个阶段，但有许许多多的体验会连接这个原始的满足感。比如，一个拥抱会让你觉得温暖；用被子把自己裹得紧紧的，会让你安心、舒适。这种被完全包裹、完全拥住的感觉之所以令人满足，有它原始的渊源。

对共生关系的幻想与渴望，就是对"回到子宫"的幻想与渴望。人终其一生都渴望那种原始的满足感——什么都不用做，什么都不用说，什么都不用想，就能被满足。

● **融合幻想**

新生婴儿存在两种相互冲突的感受，一方面，自己突然被抛出子宫暴露在外界，而这个外界不如子宫里舒适、满足；无条件给自己输送营养的脐带被剪断，和母体的原始联结突然断开，这让婴儿恐惧和不安，所以婴儿往往在大哭大叫中出生；另一方面，他否认这一切，依然幻想自己还处于什么都不用做、什么都不用想就可以被满足的原始舒适感中。而后者就是融合幻想的一部分，婴儿幻想自己和世界（婴儿还没有形成"母亲"的概念，在他的感知里，母亲就是世界）融为一体，就像在子宫里一样，以为"我是一个完全被包裹、完全被满足的状态，我即是宇宙"。婴儿便是靠融合幻想来回味和保留那份原始的满足感的。

但现实会打击他，不适的感觉总会出现，饿了、困了、痛了、痒了，而且有时这些感觉会持续一阵子，得不到及时抚慰。甚至，更糟糕的是，当他努力求助解决不适感时，不是每一次大哭大叫都有回应。于是，他开始模模糊糊地意识到，好像这个世界和自己不是一体的，在自己之外还有别的存在——这个世界并不会以自己的意志为转移。

这对于婴儿来说是一次伟大的成长——他真正降生于这个世界，看见这个世界了！但同时也是一次巨大的失落，他意识到自己永远无法像在子宫里那样什么都不用做、什么都不用说、什么都不用想就可以被满足了。这个成长过程不是一蹴而就的，不像做数学题，有那么一个"啊－哈"时刻，你一声惊叹就发现了宇宙的秘密。这个过程是反反复复、时进时退的，婴儿一会儿意识到这一点，一会儿又否认这一切，寻找与原始体验相似的部分。这一点甚至贯穿人的一生，科技不断发展，让人可以更便捷、更轻松、更直接地获得满足，可以说，其背后的动力都包含这一点——"回到子宫"。

使用工具来满足自己的愿望并不是人类最初获得满足的方法。在婴儿的世界里，获得满足的方法是呼唤母亲。他会发现，尽管自己不能动念之时立即被这个世界满足，但至少自己向这个世界发出一个信号时好像可以得到一个人的回应。而这个人或多或少可以让自己得到满足或部分满足。于是，婴儿开始学会和世界打交道，他开始哭、喊，用尽办法吸引母亲的注意。如果他总能成功地得到母亲积极的回应，被母亲看见他的存在和需求，就会产生坚固的信任感，不仅仅是信任这个世界、信任他人，更是信任自己——相信自己可以通过发出信号得到世界的回应。这种感觉会成为他日后与这个世界上各式各样的人打交道时坚定的自信和信任感。

他们会意识到，尽管我不可能再"回到子宫"，获得原始的满足，但我在和人的交往中可以有效地传递出自己的愿望和需要，被别人看见、尊重、理解、接纳。虽然这种感觉不如原始满足那么极致舒适，但这是我在现实世界里可以获得的幸福——与人建立亲密无间的关系。于是，在和人的关系中寻找亲密无间的感觉，就成为融合幻想与原始满足的替代品。但这并不意味着融合幻想就此消失无踪，它始终暗藏在人的内心，因为那个极致的原始满足实在太美好了。

作为一名心理咨询师，我在工作中时常看到融合幻想的影子。几乎每一个来访者都有这样的渴望："咨询师，你能不能在我说出自己的想法之前就读懂我，知道我想要什么，满足我的愿望。"有些来访者会说出这个愿望，有些不说出来，但他们会以各种隐晦的方式表达这种渴望。

在人与人亲密无间的关系中，这种融合幻想的例子数不胜数，在你们经由共享一步步前往共生关系的旅途中，你们会不停地试探——我们融合了吗？我们是不是心有灵犀？他可以不用我说什么就懂我吗？

在亲密关系中，常常有这样的默契时刻：你刚打开手机想给对方发送信息，对方就给你发来了信息。这时，你就会感到原始的满足感：我刚刚想联系你，就联系上了！但默契时刻并不总是存在的，也会有很多时候，你打开手机，对方并没有如你所期地发来信息。现实会破坏亲密关系中的融合幻想，让你一次次意识到，你还是无法"回到子宫"。

● **"共享大脑"**

融合幻想的一个美好时刻，是在亲密无间的关系中恰好产生了默契。这一巧合或人们称之为缘分的东西，才是亲密关系里最美妙的存在。就像歌曲《青花瓷》里那句歌词：天青色等烟雨，而我在等你。古人在烧制陶瓷釉时，天青色是很难烧制出来的，那时候技术不发达，没办法准确控制温度和湿度，只能等雨后空气温度和湿度刚刚好，才能烧出最美的天青色。而人们期待美好的缘分也一样，你不知道另一半何时会出现，只能用你的生命去等待，期待有那么一刻，你刚好在，我刚好来。

缘分会带来一刻的幻觉，好像冥冥之中有某种神秘的力量让我们如此偶然地在这里相遇，又如此偶然地发现我们有那么多共同之处。这种感觉会让你以为，仿佛你在和对方共享一个大脑，诱惑你走上通往"回归子宫"的路。

不过，现实会慢慢打破这份幻觉，当你们偶然发生的巧合在某一次不再发生时，融合幻想便会破灭，这样的感觉会激怒你，让你以为对方背叛了你们的"共享大脑"，去往别的方向了。这是亲密无间的关系里产生激烈冲突的一个常见缘由。

"共享大脑"在现实中并不存在，没有人可以做到在你不表达、不发出任何信号的情况下就知道你在想什么。但某种程度上，"共享大脑"在亲密无间的关系里会逐渐发生。当你们越来越了解对方，越来越知道对方的喜好时，猜出对方心思的概率也会越来越高。你依然可能会猜错，但猜对的可能性越来越大，因为你们共享了一些秘密。

但共享的内容是什么，决定了这段关系的根基。你和同事每天会共享 8 小时的工作时间，这并不会让你们天然变得很亲近，因为并非每个人都把工作内容当作自我最核心的部分。所以共享的内容是不是人们自我认同里最核心的特质，是决定关系是否亲密的关键。

在魏蓝天的人际关系成长小组中，大家第一次见面时，为了更加高效，也更加多层次、有深度地彼此认识，魏蓝天邀请大家参与一个叫"20 个我是谁"的活动。魏蓝天给每个人发了一张纸，上面有 20 行字，开头都是"我是"，让大家把这 20 行字补充完整，可以任意去写，从最简单的"我是男人""我是女人"到 300 字的小作文都可以。每个人写完后，再把写下的 20 条内容按照最能代表自己的程度进行排序，并按这个顺序向大家介绍自己。

你不妨也拿张白纸完成这个练习。当你写完"20 个我是谁"并对它们进行排序后，你可能会有一个初步的直观感受，原来有些"我"是更加核心的"我"。这部分的"我"在和他人"共享大脑"时会产生更亲密的感觉。

当然，有时候这个练习也不见得准确。原因在于，能够被你意识到并写下来的"我"，仅仅是意识层面的"我"，但人的自我认同有一部分隐藏在人的潜意识里，是很难用语言、用具体的词汇去描述的。比如，你觉得自己是一个有礼貌的人，但实际上你可能也多次恶毒地咒骂过他人，只是因为你要保持"有礼貌"这个自我认同，那些恶毒咒骂他人的经历被你忘掉了或以某些方式歪曲了。但那个"恶毒"的你依然存在，深藏在你的潜意识中。

能够与他人在脆弱、羞耻、恶毒、卑微、恐惧、刻薄等隐秘而又让人不适的"自我认同"中相遇，往往会让你与对方建立更加深刻而紧密的关系。这类似于，共享荣华富贵，不见得会让你们见到彼此的真情，但一起经历患难，往往会让你们的关系非常坚固。

在与他人"共享大脑"的过程中，你们彼此了解了对方最不堪的一面后依然喜欢对方，这并不是说你们喜欢对方的缺点（人往往会抗拒那些阴暗的东西），而是你们喜欢拥有这些缺点的完整的对方。这会让你们的关系更加亲密，因为，把一个人阴暗的部分整合进这个人，完整地看待他，才有可能更加靠近这个人，而能与之共享的也会更多。

● 融合焦虑与分离焦虑的矛盾统一

在人性的脆弱处与他人相遇是一件令人兴奋又害怕的事情。与他人共享得越多，暴露在他人面前的弱点便越多，而自身的脆弱是否被对方接纳、保护、喜欢，是未知的。于是，我们在关系中和对方共享的越多，产生的融合感越强烈，产生的愤怒与攻击也会越多，这种攻击与单纯地恨一个人产生的那种攻击不同，你并不是为了消灭对方而发动攻击，而是因为渴望永远无法得到的承诺而挣扎。你希望对方能够承诺在了解了你的弱点之后，能有爱地保护它、接纳它，而不是利用它、伤害它。这个承诺无法得到保证，因为承诺能否兑现要看你们在未来漫长的生活里如何践行，而未来是无法被现在确保的。

所以在与他人走向融合的过程中，分离的力量一直存在。就像出生后不断成长的婴儿，尽管渴望和幻想回到子宫，但在现实的世界里，他们反而不断走向独立，走向和母亲的分离。他们一边享受母亲的照料、接纳与支持，一边却盘算着：我总有一天不再需要你，可以独立生活在这个世界上。

在发展心理学中，个体的发展会经历两次独立性大爆发，一次在 3 ~ 5 岁，在这个阶段，幼儿从身体上脱离母亲，成为一个可以独立活动的人，他们的自我意识会大爆发。幼儿会意识到："在物理上，我是一个独立于母亲而存在的人，我有我的身体，我也是一个完整的人。"这个意识是伟大的，它让幼儿开始离开母亲的怀抱，开始自主地探索这个物理世界。3 ~ 5 岁的幼儿很喜欢玩一些实体的玩具，比如玩具小汽车、布娃娃等，这都是他们开始接触这个物理世界的过程。

第二次自我意识大爆发发生在从青春期到成年之前，大约在12 ~ 18 岁。在这个阶段，青少年会意识到："在人格上，我也是一个独立于父母而存在的人。我有我的思想、观点、态度、情感和价值观。"青少年很喜欢辩论，喜欢和父母争论，主张自己的想法和态度。越是不同的、求异的态度，他们越喜欢；父母越禁止他们做什么，他们便越想去做什么。父母会称之为"叛逆"，但实际上，他们渴望的是获得人格上的独立，而"我和你的想法不同"，是最强烈、最能彰显这一点的。

许多家长会在孩子这两次独立性大爆发中"受伤"。3～5岁的孩子开始到处乱跑，稍不留意就离开母亲的视线，母亲为此焦虑、担忧，也为孩子并不再时刻需要自己的怀抱而感到有些难过。母亲会认为，这是孩子在拒绝自己的亲近。实际上，孩子在心里依然和母亲无比亲近，离不开母亲，他们只是想去体会一下，靠自己的双手双脚能做点什么，能走多远。

12～18岁的孩子令父母头疼的事情更多了，比如深夜玩手机、浏览不健康网页、和陌生人线上聊天、沉迷于电子游戏、学习专注度下降……父母十分焦虑，而且难以和孩子交流，只要他们一开口，孩子便觉得父母在干涉自己。哪怕父母只是想和孩子聊一聊，并非强硬地禁止他们的某些行为，他们也会想方设法关闭和父母的沟通之门。在这个过程中，父母会很无奈，感受到来自孩子的"攻击"与"伤害"。在这个阶段，青少年对待父母的态度依然是矛盾的，他们心底依然尊重父母、依恋父母，但他们又强烈地渴望搞清楚一件事——我是一个人格独立的人吗？我可以有自己的观点、态度和价值观吗？

而成年人之间走向融合、走向亲密，则是一个相反的退行过程。亲密伴侣一开始会经历青春期式的依恋与独立的矛盾——我和你在人格上是既彼此独立又相互依赖的吗？所以刚刚建立亲密关系的双方，会在观点、态度和价值观上产生碰撞，会聊很多很多的想法，从看待世界局势的视角、对社会热点事件的态度与价值判断，到生活中细微小事中反映的价值判断。这些碰撞会让双方在人格层面产生融合与分离。一方面，双方靠近彼此，发现双方在很多事情上有共同的价值观，面对相同事件时有相似的态度和情绪；另一方面，双方保持距离，发现双方在另一些事情上观点完全不同，还为此争得面红耳赤，谁也说服不了谁。很多进入亲密关系不久的伴侣之所以会因看恋爱综艺节目分手，正是因为他们没能成功应对青春期式的融合与分离的挑战。

青春期式的融合与分离，目标是两个人的人格与心灵逐步靠近。你们彼此分享了许多观点、态度和价值观，在很多重大事情上持有相同或相似的态度与立场，想象着如果未来遇到相应的挑战，你们会共渡难关，这让你觉得很安心。在这个阶段，你们会提出很多假设性的话题，比如"我和你妈同时掉进水里，你会救谁"，讨论这类话题是为了与对方在思想与心灵上达成默契，以确认各自人性中的弱点会被对方照顾，而不是被利用。

当你们的关系在彼此的观点、态度与价值观的争论中存活下来后，对你们而言，进一步的靠近便要挑战幼儿式的融合与分离。这一挑战涉及的是更深层的亲密，即身体上的融合与分离。你们可能会同居，日常饮食起居都相伴而行，越来越多地发现彼此在生活习惯上的不同。你们可能会为要不要一起去或谁去下楼倒垃圾而争执一番；也会因为出差远行长时间分离而闹不愉快。这背后涉及的都是两个人在物理意义上要多长时间、多大程度地待在一起。这种物理意义上的待在一起，是幼儿式融合的渴望——"回到妈妈的怀抱中"。

这种融合与分离的挑战往往从你们第一次出门旅游开始，这或许是你们在这段亲密关系中首次如此长时间地待在一起。一旦你们经历了持续 24 小时在一起的生活，逐渐适应了日日夜夜有对方的存在之后，或大或小的具身分离便具有了破坏力。任何一方以任何理由离开家，都会在幼儿式的融合中对另一方造成心灵的冲击。你越来越不想离开对方，越来越渴望两人就这样天天待在家里，寸步不离、吃吃喝喝。

在这个时期，分离的张力也同时存在。当两人持续过了好几天如影随形的日子，你会逐渐感到有些窒息，生出一些独自待着的渴望。你可能想一个人悄悄地做点什么，不希望对方凑过来；或者你想什么也不做，全然地回归个人的世界。这和精神上的分离无关，因为即使你们各自做自己的事情，没有任何交流，在精神世界上是隔离开的，共处一个空间的你们，对具身独立的渴望（幼儿式的分离渴望）依然存在，你还是想让对方这个肉身不要和你共处一个空间，你渴望自己独享这个空间。

这种具身的独立与依赖会在关系进展的后期成为亲密关系冲突的核心主题。当亲密关系度过了这个阶段，可以在具身的独立与依赖中保持相对稳定和平衡后，关系便会进入更加亲密的阶段——婴儿式的共生渴望中。

原型与脚本

随着心理咨询师魏蓝天的人际关系成长小组活动的持续开展，小组成员之间的关系也逐渐紧密，大家开始分享更深的人生体验。

这一次小组活动中，魏蓝天邀请大家分享的话题很特别，叫"你人生中的第一个记忆"。

刚开始，大家纷纷表示自己记不得人生的第一个记忆了。但随着有人开始分享，"第一个记忆"出现得越来越早，有人记起自己小学一年级时的事，有人说起自己上幼儿园大班时的事，接着，中班、小班、上幼儿园第一天，甚至两岁、一岁半时的事纷纷被回忆起来。

楚山川的"人生第一个记忆"是关于死亡的，在他两岁半时，家里养了十多年的狗永远离开了他们。他对此只有一些模模糊糊的印象，具体经过是后来听父母讲的。母亲带着那只狗跑遍了市里的宠物医院，兽医们都说没有办法了，让它好好度过最后的日子就好。一连好些天，家里都死气沉沉的，父母总是沉默和叹气，似乎对楚山川的爱和关心都变少了。楚山川记得那只狗去世的情景，当时他一个人坐在床上玩着什么玩具，远远地看到那只狗在客厅里一阵颤抖，随即就不动了。父母在一旁伤心地哭，楚山川不懂发生了什么，但他模模糊糊地感到，这一刻就是家里接连好多天死气沉沉的原因。

在童年时期，楚山川身边很多小伙伴会吵着闹着让家长给自己买宠物，但楚山川从来没有这样的愿望，他好像天然不喜欢任何宠物。在他的潜意识中，宠物就是一个让家里变得死气沉沉的东西。但一直到成年后许多年，楚山川都没有意识到自己是讨厌宠物的，直到他遇到一个喜欢宠物的恋爱对象时才发觉，原来自己是对宠物"过敏"的，只要那个小家伙亲密地凑近他，他就会感到一阵寒意，好像某些活跃的气氛被它赶走了似的。

后来，楚山川逐渐明白自己并不是对宠物"过敏"，而是害怕死气沉沉的相聚氛围。和朋友在一起时，如果大家相安无事地沉默着，他就觉得极其难耐。每一次和朋友相聚，他都是那个活跃气氛、挑起话题的人。朋友都觉得他很开朗、外向，只有他自己明白，他并不是天生外向的人，他只是太害怕一群人在一起什么都不说时那种死气沉沉的氛围。小组成员纷纷表示，楚山川的确是小组中活跃气氛的那一个，每当大家开始沉默，哪怕是需要一些沉默来沉思一下、体验当时的感觉，楚山川也停不下来，他很难忍受安静的气氛。

林江河的"人生第一个记忆"是关于分离的，在她3岁左右第一天上幼儿园时，妈妈哄她说带她去一个好玩的地方，把她"骗"到了幼儿园，那里有好多好多陌生的小朋友和两个陌生阿姨。林江河很紧张。妈妈让她去和那些小朋友玩，林江河犹豫了一下，一边往前走一边回头看妈妈，生怕下一刻妈妈就会不见。林江河刚玩了一小会儿，妈妈开始和她招手再见，一副要离开的样子。这可吓坏了3岁的林江河，她大哭着奔回大门口，一把抓住妈妈，不让她离开。很多年后，林江河每次回忆起这段经历，都模模糊糊地记得那一刻的感受：如果此刻不抓住妈妈，就再也见不到她了。

　　"此时一别，后会无期"，每当林江河在电视剧中听到这样的台词时都会内心一酸，甚至潸然泪下。小学毕业、初中毕业、高中毕业，成长中的每一次分离都让她异常痛苦。大学毕业典礼上，全校师生一起放飞手中的气球，林江河紧握着那个淡紫色的气球舍不得松手。后来，她心里一紧，眼一闭、心一横，放开了手，感觉自己的心一下悬空了，好像自己和那个随风飘走的气球一样，离开了人群，离开了大地母亲。她睁开眼，让自己的肉身重新"着陆"，冲到头顶的紧张感松懈下来，但随即抬头看到满天的气球，她觉得那些气球"就像失散的孩子"，再也回不了家、回不到这里了。"此时一别，后会无期"，这句经典台词涌上心头，林江河心里一酸，眼泪哗哗地流了下来。

林江河逐渐明白，这种分离时刻会在她生命里一次次上演，就如上幼儿园的第一天一样。她的人生议题就是不停地挽留那些留不住的美好，看着它们逐渐消散，就像那些飘走的气球。小组成员纷纷点头，认可了她的这种感受。的确，每次小组活动结束，林江河都是最后一个离开，她总会在散场时表现得依依不舍。

你的第一个人生故事是什么？

"人生第一个记忆"是一个重大的指引，指引我们回到最古老的生命体验，而那个体验会被日后一次次的经历复制、加强，成为你的"命运"。而改变命运的法则，就是找出这个故事起点，看一看是什么造就了故事的基本面貌，而故事是否有被忽视的、更完整的一面？

由于大脑发育的特点，人们几乎无法回忆起自己0～2岁时的事。这种回忆不起来，指的是人们"情境记忆"的空白，但实际上，人的"情绪记忆"在生命之初便有了。所以"人生第一个记忆"并不是故事真正的起点，它是一个指引，可以带你回忆更早期的生活面貌。而这个指引的核心是情感，也就是说，"人生第一个记忆"中发生了什么事情这样的"情境记忆"并不是最重要的，最重要的是在发生这些事情时你具有怎样的情感，即"情绪记忆"，因为"情绪记忆"可以连通人类最古老、最初期的人生体验。

这次小组活动结束后，楚山川向父母询问自己0～2岁时家庭的氛围与生活面貌，他惊讶地发现，其实并不是那只狗的死亡造成了家庭氛围的死气沉沉，而是在自己出生后的一段时间里，父母的婚姻出现了危机，他们应对婚姻危机的办法是冷战。楚山川的妈妈常常带着在夫妻关系中遭受的委屈、愤怒和难过，面容冷峻地给楚山川喂奶。母亲凝重和冷峻的神情给楚山川的人生早期留下了深刻的烙印，狗的死亡只是那段人生乐章的一个最强音，留在了楚山川的"情境记忆"里。

林江河也是如此，她的母亲是一个女强人，母乳喂养林江河不到两个月，便开始了忙碌的工作。在林江河 0 ~ 2 岁间，挑剔的妈妈给她换了 3 个保姆，使林江河在生命的早期频繁地经历分离。一个个熟悉的照料者离她而去，换来陌生的面孔，而妈妈的温暖只在深夜降临时短暂地出现，又在清早的阳光中倏然离去。她回忆起的幼儿园上学事件，只是这首"分离小夜曲"的最强音。

人生第一个故事的重要性不仅仅在于这个故事的内容，更在于故事的隐喻；故事中最核心的元素，似乎组成了人们对待这个世界的背景音。对楚山川来说，在和任何人的交往中，他最怕的就是别人露出一副冷峻凝重的表情，哪怕他非常确定对方那种表情并非因为自己。但那副表情本身，就像一个古老的"诅咒"一般，从身体里唤起他的警惕和害怕。所以他讨厌那些长相略带严肃的人，觉得这些人简直就是机器人。这也影响到他的亲密关系，因为人与人交往深入后，必然会接触对方更多方面的样子，而严肃、冷峻是生活中无法避免的一种表情。人在认真读书时，仔细研究某事物时，努力回忆某件事时，都可能露出严肃而冷峻的表情。这些表情会或多或少地唤起楚山川的担忧与害怕，导致他不自觉地打断对方去询问"你到底在想什么""你不会生气了吧"，这种情形反复的次数多了，积怨与矛盾就会爆发。如果楚山川不知道自己害怕冷峻和凝重的表情是因为受到人生第一个故事的"诅咒"，他就很难让对方理解他为什么竭力避免看到那种表情。

对于无法忍受片刻分离的林江河来说，亲密关系会更加困难。她经历的好几段感情都因为对方要频繁出差而决裂。林江河对因伴侣出差造成的这种冲击较大的分离完全无法承受，即使一些轻微的分离，她也会或多或少地感到不适，甚至独自下楼倒垃圾，都会让她感到内心空落落的，而这种短暂的分离，会在每天的日常生活中发生，比如上班、上学，两人分开去处理各自的事情。尽管每一次短暂的分离带来的只是轻微的失落感，但日积月累，内心的不安与痛苦积攒起来，就会变成剧烈冲突时情绪崩溃的火药桶。

所以，觉察并理解自己人生的第一个故事，对个体的亲密关系非常重要，它就像我们情感世界的背景音乐，不仔细听甚至听不见，但它又实实在在地存在着，影响着你与人相处的情绪基调。

● 故事中的冲突

每个故事都有起承转合，在故事的转折点上会爆发冲突，冲突是一个故事中最激动人心、最令人印象深刻的部分。人渴望生活风平浪静、一帆风顺，但事实上，风浪是人生航程的一部分。

了解自己人生第一个故事中的冲突，就是了解你在人际关系中最困难的挑战是什么。对于林江河而言，人生第一个故事中的冲突是和最亲密的人分离。起初，由于小婴儿没有自主意识表达内心的渴望，这个分离是不由分说、无法挽留的，而且他与母亲融合的渴望也终会落空，因为哪怕再亲密的关系，也会有片刻的分离。于是，从人生启程之初，分离就伴随而来。

但并不是每个人都会像林江河那样被分离焦虑困扰。因为冲突并不是毁灭性的，有一些研究（比如，Beebe & Lachmann，2002等）和一批自体心理学家认为，在母婴关系中，关系破裂是不可避免的。重要的不是避免关系破裂，而是容忍并修复关系中的破裂。

照看小婴儿的母亲不可能时时刻刻满足孩子，她总有疏忽的时刻，有做自己事情的时候。斯特恩（Stern，2002）的观察性研究发现，即使最好的母亲，也会平均 19 秒就对孩子做一件错事。当然，这里说的错事是指那些细小的错误，比如，小婴儿身体痒时哼了一声，妈妈却没有理解孩子的意思，以为孩子想和自己玩，于是把他

感受亲密
在关系中获得幸福的艺术

举高，逗孩子玩，可是孩子因为身上的痒并没有缓解，反而被吓得哇的一声哭了起来。这样的误解时刻，在照看不会说话、无法表达自己思想的婴儿时总在不停发生。

小婴儿在清醒时的每一秒都渴望妈妈就在身边，但总会有那么一些时刻，他们从睡梦中醒来发现身边空无一人，于是恐惧地大哭起来。这样的分离恐惧在生命早期会不停地发生，但这样的短暂分离本身并不可怕，只要母亲听到婴儿的哭喊，及时回到他们身边充满爱意地耐心安抚孩子，孩子对分离的恐惧便会因母亲一次次的回归被修复。

对于"分离"这件事来说，"可预期的重逢"极具疗愈性。在以"分离"为冲突的故事中，不停地让孩子意识到，他的妈妈会稳定存在，准时出现，是修复这种类型的关系破裂最重要、最核心的方案。对于 0 ~ 2 岁的婴幼儿来说，这样的妈妈会带来安全感，让他们不害怕短暂的分离，因为他们会逐渐感觉到"妈妈一会儿就回来了"。这会让他们觉得分离并不那么恐怖，它只是让自己有点不愿意和不舒服，而这是可以承受的。

相反，没有被修复的"分离焦虑"会被放大，变成一种巨大的"分离创伤"。婴幼儿无法用语言表达自己，也就无法用语言逻辑理解对方为什么以各式各样的方式离开自己，且无论自己如何呼喊，对方常无法如期而归。这种感觉会被内化成一个恐怖的印象——我最亲密的人会莫名其妙地消失。当这种感觉被内化后，它便仿佛成了一个人生设定，让"林江河"们相信自己最终会被抛下。因为这是在他们生命早期被设定的系统设置。用情绪感知种下的种子，是无法用语言、逻辑和理智来理解和控制的，它会直达身体和情绪，以直觉的方式做出反应，在日后每一次人际分离的线索出现时冲击人的内心。

回顾一下你的每一次升学、毕业，和老同学分离，和熟悉的环境分离，加入新的班集体，面对新的学校、教室和环境，你有什么感觉？是淡淡的忧伤与不舍，但能很快投入新生活，还是终日恍惚，一个学期都无法融入新环境？

每一次大大小小的分离都是一种提示。观察你在那些时刻的感受，便能知晓在"人生的第一个故事"里是否存在分离困扰。

当然，给亲密关系造成困扰的情由是复杂多样的，分离只是一个例子。你要意识到，可以很轻松地用语言说清楚的事情往往只是困扰的表面。真正成为你关系中困扰的，总是那些难以言表的部分，它甚至就像"人生设定"一样，你根本不会想到它，如果别人提醒你它可能是你们关系中的症结，你可能还会吃惊："啊？难道这不是不言而喻的事情吗？这个世界上每个人都会如我这般想吧？"但此时你会发现，原来这种"人生设定"并不是"统一设定"，并非人人感觉如此，那只是你自己独特的人生经历留下的情感体验。

找到那些未曾修复的创伤，在新的关系中修复它们，便是寻找故事冲突的巨大意义。只有定位了问题在哪里，你才能真正从根源上修复关系。

● 强迫性重复

人们在经历了一件痛苦的事情后，往往不愿意反复谈论它。这和我们日常的人际体验有关，比如失恋后，刚开始你可能很愿意向朋友倾诉你的痛苦，但一段时间后，你越来越羞于启齿，不想和朋友聊这件事了。尽管你内心依然很想找个人聊聊，但你会担心：朋友会怎么看我呢？他们会不会觉得我就像祥林嫂一样？或者恨铁不成钢，认为我怎么这么久还走不出来呢？所以分手后最难熬的日子或许不是刚开始的几天，而是一段时间后，你依然痛苦却无处宣泄时。这样的情况在心理咨询中也很常见，求助者告诉心理咨询师一件让他痛苦的事，一段日子后，尽管仍然处于同样的困扰中，他说起这件事的次数却越来越少。

而越是如此，心理咨询师越需要留意求助者反复提及的线索。真正重要的事情，总会在生活中反复发生。这便是一个重大的线索——那些未曾修复的创伤，会在你多年的生活中，在你的人际关系中反反复复地发生。或许冲突的形式不同，内容不同，但你会发现在某些核心的冲突中，一些情感被反复地挑起，而那些你未被满足的需要便深藏其中。

　　法国心理学家皮埃尔·雅内（Pierre Janet）提出，经历过创伤的个体，仿佛人格发展在某一时刻停了下来，无法再吸收新的元素扩展自己的人格。在某种程度上，你感觉自己的成长好像停滞在了那一刻，好像人生就在反反复复地解答那一道难题，解开那一团乱麻。比如像林江河那样经历过分离创伤的人，他们的人生总在反反复复地做同一件事，即寻找一个永远不离开自己的人。在这个过程中，他们会逐渐发现，这样的人是找不到的；或许在某些时刻似乎找到了，但又在下一刻发现了分离的迹象。当创伤成为阻滞一个人成长的因素时，人就困在这道难题中，无法拥有更广阔的视野。被困在分离创伤中的人，看不见重聚的美好，只看见分离总会发生。

　　过往的创伤经历往往会持续地对人们当下的生活产生影响，如果没有整合与消化好它们造成的伤痛，那些创伤经历就会一次次变成"当下的经历"，让往事重演，这个现象被称为"强迫性重复"。它似乎不是个体有意为之的（没有人愿意反复陷入痛苦中），而是一种"强迫性"的现象，好像他们想避也避不开。创伤心理学家巴塞尔·范德考克（Bessel van der Kolk）认为，在某种程度上，这是一种对创伤的上瘾。人们为什么会对创伤上瘾？回想一下人们常常出现的上瘾行为就会发现，吸烟、酗酒……无一例外都是某种"伤害"，但人们依然乐此不疲。道理是一样的，人们通过这种"自我伤害"躲避更大的伤害。越是焦虑、压力大、痛苦和孤独的人，越容易出现吸烟、酗酒等行为，他们不是享受那些上瘾行为，而是为了回避自己也说不清的糟糕情绪。

同样，"创伤上瘾"的人反复陷入糟糕的亲密关系（比如总是选择所谓的"渣男""渣女"，进入虐待性的关系，或者反复在充满背叛的三角关系里无法自拔），并不是因为他们喜欢这样的人，渴望这样的关系，而是因为这是他们熟悉的情境，在过往的创伤经历中、生命早期的故事冲突里，他们形成了这样的印象：我最亲密的人是一个虐待我的、会背叛的、暴力的、冷漠的人。为了避免陷入孤独、绝望和被抛弃的境地，他们宁愿寻找熟悉的影子。对"创伤上瘾"的人来说，这是让自己心有所依的唯一方式。这就是他们早期故事里的"人生设定"，他们只能如此，没有别的选择。

当然，从现实的角度来看，你会觉得这很不可思议，这个世界上有那么多人，他们完全可以重新开启一段亲密关系。但是从"创伤上瘾"者的内心世界看，这个"人生设定"无比真实——一个三五岁的小孩子，只能依赖自己的养育者，只能依赖于这样的关系。

自然，这种关系对年幼的他们来说是无比熟悉且别无选择的。但若他们成年后依然停滞在这样的执念里，便不再是一个适应性的选择，因为他们不再是那个无助的小孩子，可以重新开启自己的人生。

如果你发觉自己也有某些"上瘾"感觉，总是不自觉地在关系中陷入某些莫名其妙的痛苦，那么打破"强迫性重复"的办法就是回到"人生第一个故事"，去讲述并理解那个故事的意义。因为人生早期的故事以情绪记忆的方式储存，不受你控制，但如果你重新用语言讲述一次，便能像巴塞尔·范德考克说的那样"通过对当时事件的描述和讨论，对当时不由自主的重复行为产生意识层面的控制"。如此，你便获得了一种自由，不再因害怕孤独而重复虐待关系，不再因分离焦虑而重复歇斯底里的切断关系。因为你知道了，害怕孤独、分离焦虑这些感觉来自遥远的过去，而现在的情况并没有那么可怕。

所以，了解自己的"人生第一个故事"就像是了解你的"人生设定"，了解了剧本的故事原型与背景，你便可以谱写未来的故事，而不是一再重复过去的故事。

第三章

稳态期

稳态的本质：成为彼此的容器

这一次小组活动，魏蓝天邀请大家分享在关系中发生冲突的情况，让小组成员一起来分析是什么造成了冲突。

楚山川率先发言说，在他过去的亲密关系中，冲突经常发生在很小的日常细节里。他举了一个例子。女友从厨房冰箱里拿出一瓶冰水，边喝边往客厅走，不小心踢到了桌角，脚趾撞得生疼，水洒了一地，女友发出一声尖叫。楚山川看到这一切，微微地皱起眉，没说什么。女友流着眼泪冲楚山川发脾气："看到我撞得这么疼，你都不安慰我。"楚山川听了有些生气和委屈，但他什么也不想说，只是默默地把地上的水擦干净。看到这一切，女友更生气了，认为这更表明了楚山川不关心自己，只关心地板是否干净，于是更加大声地冲楚山川发火。

听完楚山川的故事，林江河分享了自己的经历。她当时的男友是一位职场精英，管理着近百人的团队，每天忙到很晚才回家。林江河很想和对方每天都有时间真正在一起，聊聊天，分享彼此的生活。可她总觉得对方几乎没有一刻是完全和自己在一起的，不是过一会儿接个电话，就是有无尽的工作信息要回复。林江河要对方真正陪自己，而对方半认真半敷衍地回应说："不是正在陪你吗？"为此，他们发生了无数次冲突。

大家纷纷表示，这的确是每段感情都会遇到的冲突。

当这些冲突被以他人的视角讲述时，好像所有人都能看清问题所在。那么，"当局者迷"到底迷在哪儿了呢？是否有一些感受是非当局者无法体会的呢？的确有，这种现象叫作"溢出"。

就像往杯子里注水，如果杯子满了，仍然不停地往里面注水，杯子里的水就会溢出来；或者注水时不是慢慢进行的，而是采取了高压注水的方式，这样也会把杯子里的水冲击出来。而每个人作为情绪、感受的"容器"，也像一个杯子，在某种感受持续加码或遇到剧烈的感受冲击时，心灵的"杯子"便"溢出"了。

在楚山川的故事中，剧烈的情绪张力一下子冲击了他的女友，瞬间的疼痛让她无法关注任何别的事情，洒在地上的水、对方的委屈，都在那一刻被排除在意识之外，就像往杯子里高压注水，其他内容全部"溢出"了。这是一瞬间的冲击。

若是一种慢性疼痛，比如拔牙后的那几日，持续的疼痛会让你完全无法正常工作、学习、看书，甚至观看消遣的娱乐节目都难以集中注意力，而且容易暴躁，稍不如意便会迁怒他人。这就是心灵的"容器"被持续的疼痛占满了，任何额外的输入都会造成"溢出"。如果你照顾过长期疼痛的病人，会对此深有体会。

林江河的故事便体现了一种持续的信息输入，她把过量的内容塞入男友的大脑，就像不停地往杯子里倒水，杯子满了，便会溢出。

还有一种心灵的"溢出"是，当内容占满大脑，人很难同时顾及其他事物的运转，要么忽视、要么敷衍、要么杂乱无章、一团乱麻。一个简单的类比是，让你左手画圆的同时右手画方，如果未经训练，你很难做到，因为左手画圆就已经占满了你的大脑，你要么延时操作，等左手的动作完成再顾及右手，要么敷衍着操作，把圆也画不圆，方也画不方。

● "容器－内容物"的关系

人的心灵就像是一个容器，它可以容纳一些内容，也可能会排除另一些内容。比如一个不认识"魑魅魍魉"四个字的三岁小孩，他心灵的容器就无法容纳"魑魅魍魉"所包含的内容，他看到这几个字就只是看见一堆无意义的笔画。人成长的过程，就是在养育者的照顾下不断将心灵的容器扩大，从而可以容纳更多、更复杂、更多样化的意义。

人的成长或许永无止境，一个受过教育的成年人，往往掌握了一门甚至多门语言，他的容器可以容纳大部分文字的意义。但是，并非每个人都接受过良好的"情感教育"，每个人对喜怒哀乐、悲欢离合的感知与容纳可能都不同，这便是心灵容器在"形状"上的不同，有些人可以容纳"五角星一般"的情绪，因为他的"容器"有这样的"格子"，但另一些人的"容器"就没有这样的"格子"，"五角星一般"的情绪便无处放置，只能被排除到容器之外，就像是"溢出"了一样。

有几种形式的"溢出"。第一种叫否认。有些人会对明明发生了的事情视而不见，当作没发生。最常见的例子是亲人的去世。许多影视剧里都有这样的情景，主人公面对最亲密的人意外离世时，第一反应并不是悲伤、痛苦、惊讶，而是淡漠，频频摇头，嘴里自言自语地嘟囔着"没有，没有，这不可能，这不可能"，或是对医生说"医生你一定是看错了，你再看看"。他第一次经历如此亲密的人去世，必然像一个三岁的小孩面对"魑魅魍魉"四个字时那样茫然和不知所措。心灵的容器没有相应的格子来安放他的这种情绪，他需要把这种情绪扔掉，否认事实的发生。

第二种叫忽视。你呼喊一个人，物理的声波传进了他的耳朵里，但他没有听见。不是他的耳朵没有听见，耳膜确实接收到了声波的震动，而是他的大脑没有听见，声波的震动被当作"噪音"被过滤掉了，没有凝聚成一个有意义的内容。这种时刻并不少见，我们每时每刻都在筛选外界的信号，不仅仅是来自听觉的信号，还有来自视觉的、味觉的、触觉的、嗅觉的，因为心灵容器的容量是有限的，它必然要选择允许哪些信号进来，不允许哪些信号进来。就像在看电视时，你沉浸在剧情里，心灵的容器几乎被它占满了，一个电话打进来，你完全没有觉察到；你在解决一个工作中的难题，你找到了解决问题的思路，斗志满满地想一鼓作气将问题解决，此时，你的领导已经站在你背后观察你很久了，而你完全没有觉察到……在日常生活中，这样的瞬间不胜枚举，我们会忽视很多很多细节。

第三种叫行动化。例如有人在痛苦万分时会把自己灌醉，喝得不省人事，就什么感觉都没有了。许多成瘾行为背后，都可能包含这样的动力——用过度的行为把"溢出"的情感排解掉。有些人会疯狂运动，让身体麻木，心灵就没有感觉了；有些人会不停地社交，在社交软件上和几百人聊天，让大脑麻木，心灵就没有感觉了；有些人会疯狂进食，不顾一切地把食物往嘴里塞，用多巴胺占满大脑，其他情绪就被排除掉了……

当一种完全没有见过的"新物种"出现在人们的世界里，或是巨量的内容瞬间压在心头，心灵的容器没有相应的"格子"容纳它，或是没有足够大的空间容纳它时，"溢出"就发生了。

"溢出"发生后，人们会出现非适应性的情绪与行为，要修复这种非适应性的状态，人们需要一个"外援"——外部容器。

人在心情不好时，会想找个人倾诉。这就是一种寻求"外援"的预防性的行为，以应对"溢出"后的消极情绪。有时候，你向别人倾诉后心情确实好了不少；有时候，你倾诉后不仅没有感到轻松，反而更加郁闷了。倾诉是否"有用"取决于两个因素。

第一个因素是倾诉对象。最高境界的倾听者，叫"如其所是"，也就是倾听者能全部听见并全然接纳你倾诉的内容。比如你和伴侣大吵了一架，你感到非常愤怒、委屈，心情很糟糕，于是找朋友倾诉你的遭遇。如果你的朋友是最高境界的倾听者，他不仅能听到你的愤怒和委屈，还会听到你的无奈和依恋，他不会完全附和你的态度（愤怒、委屈），甚至火上浇油，攻击你的伴侣，劝你分手；相反，他不仅会听到你表达出的愤怒和委屈，还会听到你没有表达出的无奈和依恋，你的伴侣是你自己喜欢和依恋的对象，是你自己的选择，你们的关系不会那么轻易破裂，也正因如此，你的受伤、委屈和愤怒中也带有克制和无奈，日子还得过啊，今天吵架，明天还是要和好的。

不好不坏的倾听者，会"无条件站队"。他会坚定不移地站在你这一方，当你表达对他人的愤怒时，他会和你一起指责对方，有时甚至煽风点火，夸大你的愤怒和不满。你在倾诉时感觉很痛快，但倾诉完又会略感失落，这种失落源于你的无奈和心酸没有得到承接，倾听者似乎没有看见、听见你这部分感觉。

最糟糕的倾听者，叫"杠精"。他总是坚定不移地站在你的对立面，当你表达对他人的不满时，他常常会说，"你也要想想你自己的问题""对方那么做，也有他的理由，你要反思反思你自己"。如果你在倾诉时得到这样的回馈，对方大概不仅没有让你得到安慰，反而让你更郁闷。

所以，在倾诉对象这个要素上，只有当对方是一个好的倾听者，可以容纳你即将"溢出"的明显情绪，并"如其所是"地容纳你话语背后隐含的情绪时，你才会感觉自己真的通过倾诉释放了一些情绪。因为当对方只倾听和容纳你的某一部分情绪时，你的心灵容器盛放这部分情绪的"格子"的确腾出了空间，你也会感觉轻松一些，但盛放另一部分情绪的"格子"依然满满当当，没有空出来。所以你依然感到憋闷或莫名的难受，甚至会觉得奇怪：我明明把怒火都发泄完了，为什么还是不爽呢？

第二个因素是倾诉内容。人们往往不愿把内心很隐秘的感受与想法轻易告诉别人。有些隐秘的感受就像自己身体的私密部位一样，被人看见会令你感到害羞、难堪、羞耻或不体面，所以你总是选择性地向他人吐露自己的心声，继续隐藏那些令自己羞愧和难堪的部分。

回到家，你会脱掉外出穿的衣服，换上家居服或睡衣，让自己处于最舒适的状态，如果你的家里有另一个人在场，你们彼此了解对方最自在的状态，你会发现自己更能接纳自己的隐秘部分。对内心的隐秘部分也是如此，你需要有一个像家一样的地方，那里有你最亲密的人，你可以毫无顾忌地和对方分享你的隐秘部分，即使它们并没有困扰你。这个地方的存在是你内心安稳的基础，你知道当自己感到委屈、脆弱时是有地方可以去的。

如果没有这样安稳的基础，你会发现自己的心灵容器里总有几个"格子"从不向任何人开放，不论起初"格子"多么空旷，但日积月累，它总会被逐渐塞满，最终"溢出"来。

为你的心灵"内容物"寻找到适合它的"容器"便是减少"溢出"的法则。当你的心灵"容器"不足时，你需要从外界找到每件"内容物"的"容器"。在好的亲密关系中，最美好的部分就是关系双方能成为彼此的"容器"。你的心灵"容器"中绝大多数"内容物"都可以被对方的"容器"容纳，不论遇到什么事情，什么困难，你都可以从对方那里"借"到一些空间，暂时存放你即将溢出的情绪；同时，你的心灵"容器"里也有许多"格子"留有空间，可以在对方的情绪即将溢出时，暂时把相应的"格子""借"给他。这样，你们在人生旅途里就有了可以共享的两个心灵"容器"，这种彼此容纳会让你们在对抗无常的人生境遇时拥有更大的勇气和力量。

稳态的特点（一）：安全感与信任

听完魏蓝天的介绍，楚山川和林江河恍然大悟，明白了为何自己当初的恋情里有那么多失望与冲突。不过，他们有了新的疑惑："如何才能信任一个人，将内心隐秘的内容物倾吐给他呢？"

魏蓝天问："你们有谁学过画画？"

两三个人举了手。魏蓝天接着问："假如你要在一张空白的画布上画一个人，你最先做什么？"

有人发言说："先定框架，各个部分的位置、距离、大小，用几条线框定下来，然后画轮廓，把整个轮廓先粗描一下，然后把关键部分画出来，比如眼睛、鼻子、嘴巴，通常最先画眼睛，因为眼睛最能反映一个人的情绪，最能体现人的状态；最后再修改细节，擦去多余的线条、补充和修复一些细节部位。"

魏蓝天接着问："你在哪一步时能基本确定这幅画是成功的？"

有人说"在第三步，关键部位都凸显出来的时候"，也有人说"到最后一步，修改好细节才能确认"。

魏蓝天说："答案已经有了，就在画画的过程里。在一段关系的初始，你们彼此不认识，对对方一无所知，就像面对一幅空白的画布。随着交往加深，就像起笔定框架，你会先用几个标签来认识对方，比如觉得对方是外向的、内向的、有趣的、跳脱的、严肃的、文静的，等等；随后你会关心对方的核心情感，你们会交换价值观，了解在重大的人生议题及生活态度上有什么相似和不同；最后，你们真正生活在一起，擦掉一些开始时定框架画的线和贴的标签，补充和修复一些细节（比如彼此有误解的小地方、没有触及的微妙感受等）。那么到哪一步，可以确认对方是可信任的呢？就像是问，你在哪一步可以确认这幅画已画成。有些人会觉得到第三步，在重大的人生议题和生活态度上有了基本的确认就可以了，而有些人会更谨慎一些，认为需要生活在一起磨合很久，擦去许多标签、澄清很多误解后才能确认这幅画已画成。"

● 信任：最终的信任对象是自己

魏蓝天接着问："是什么让你觉得第三步就可以确认画成功了？"

说"第三步"的小姑娘回答道："我在小学毕业前学画画学了八年，画过上百幅人物画像，我很熟悉这个过程，很确定可以把自己看到的人物以写实的方式画出来。"

魏蓝天点点头，然后问另一位男士："是什么让你觉得要到最后一步才行？”

说“最后一步”的男士回答道：“我没有学那么久的画画，我是从初中开始学的，学了三年。到第三年才开始学习画人物，我确实没有信心说我可以画好任何一种姿态的人物，特别是那些表情微妙、神情复杂的人物，我感觉我能把轮廓和五官画好，但人物最终呈现出来的神情，我常常不满意，总觉得差点儿什么。”

魏蓝天说：“你们发现了吗？能否确认自己画对了，不是取决于客体，即那个你要画的人物，而是取决于主体，也就是你自己。关系也是如此，你最终要信任的是你自己。”

举个最简单的例子，你中午给对方发送一条信息，对方到晚上七点多才回复你，你会如何理解这件事？有些人向中性的方向去理解：对方没看到自己发送的信息，或者今天很忙没有时间及时回复；而有些人会朝着负面的方向去理解：他可能不想理我，或者他有更重要的交往对象；有些人会朝着毁灭性的方向去理解：他完全“看不见”我，他心里根本就没有我。

这些理解是你内心的想象，并不一定是对方迟迟没有回复信息的真正原因。甚至，完全的真相是不可知的，你当然可以问对方发生了什么，但你会怎么理解对方的解释？你相信对方说的话吗？你发送信息时对方究竟在做什么？他在什么时间看到了你的信息？甚至再深究一些，对方看到你的信息有什么想法、心情如何？这些都是你无法确知的，你只有选择相信或不相信对方的解释。

这就像面对空白的画布，有一些状况是不可知的，你唯独可以信任的是你的手、你的脑。在关系中，对方每时每刻的举动、心理活动，你都无法确知，你唯独可以信任的就是你的感觉、你的判断。当你产生了一种理解时，你信任自己的理解吗？当你隐隐感觉对方是一个不靠谱的人时，你可以相信自己的判断，和对方保持界限，不卷入危险关系中吗？更重要的是，当你感觉对方是一个靠谱的、值得托付的人时，你信任自己的判断吗？

这种信任还不是一时的，它会随着关系的发展流动和变化。你们一次次发现彼此的不同，产生争执、分歧和矛盾，在这种轮廓、框架或关键部位有些许偏误的情况下，你依然信任自己有能力修复这幅画吗？

这种能力来自哪儿？在画画的例子中，这种能力来自经年累月的练习，而且越早开始的练习，越容易进入你的肌肉记忆。而在关系中，这种信任的能力来自个体的人生经历，越早发生的人生经历越重要，越深刻地印在个体的心智中。

婴儿最早的人际关系是和母亲的关系，他们能不能成功地建立对母亲的信任，形成了他们信任他人的基础。这种信任包含了生活中方方面面的细节。当婴儿感到痛苦时，他会不停地哭泣、叫喊，母亲会闻声而来，安抚他的情绪，消除他正遭受的痛苦（比如给他喂奶，换尿布），这对婴儿来说是一个伟大的成就，他通过自己的哭泣和叫喊，成功地召唤到一个人来帮助自己、解救自己。

相反，如果婴儿的哭泣、叫喊没有召唤来母亲的安抚和帮助，他只能自己面对糟糕的状况，比如挨饿或忍受身体的不适，这对婴儿来说是一种重大打击，他的哭泣和叫喊是无效的，他独自面对了极度的痛苦，心灵的内容物完全"溢出"，很多莫名的可怕感受被抛了出去，变成无法理解的恐惧和不安。

这两种情境会在每一个婴儿的早期生活里不断上演，婴儿有时成功地得到了母亲及时的安抚，有时没能得到母亲及时的安抚。不过，当这种成功的经历次数超过失败的经历次数时，便会形成一种"基本信任感"，他会相信大多数人是可以信赖的，这种信赖的根源是对自己的信任，认为"我有能力唤起他人对我的关注、关心，从而让我们之间产生有效的沟通与交流"。信任，本质上是对自己唤起他人有效回应的信任，即相信自己是值得被爱的。一个相信自己值得被爱的人必然相信，自己的出现会引起他人的关注，于是他便敢于表达自己、表现自己，从而有机会让他人了解自己。当他遇到被冷落、被忽视的情况时，会倾向于认为对方是无意的或出现了误解、误判，只要进一步与对方沟通和交流，关系总能被修复。

● 安全感：来自"环境母亲"的抱持

安全感有两个层面，一是指人身安全感，比如在学校，校长、老师都在强调"安全教育"，课间跑跑跳跳要注意安全，集体活动要有序排队、避免拥挤踩踏，这些都在强调我们的身体不要受伤；二是指心理上的安全感，例如，在家里，父母情绪不稳定，总是很暴躁，你还没搞清楚发生了什么事（或许只是作业写错了一道题而已），他们就把你大吼了一顿。你不知道什么时候会被骂，时刻战战兢兢，这种感觉会破坏你的安全感。

这两种安全感是有关联的，人身安全感往往更基本，例如，在地震等自然灾害爆发的时候，人们处于应激状态，人身安全是没有保障的，甚至你脚下的地面是否稳固，你都不敢确信。这种环境的不确定，必然也会破坏你的安全感。

我们常常称大地为"大地母亲"，心理学家温尼科特提出的概念叫"环境母亲"。一方面，人们把"母亲"的形象内化为生命安全的象征；另一方面，人们意识到环境的安全，也就是人身安全，往往是内心安稳的基础。只有在一个令人安心的环境里，才能遇见令人安心的人，两者不可分割。人们常常怀念那些校园爱情，歌颂校园生活的纯真美好，但忽略了其中更核心的一点：相比于社会环境的复杂，校园环境让人更有安全感。人在安全的环境里，更有可能平静地去体验自己的感情，相信自己的感情；而在危险与兴奋中，总会怀疑是不是肾上腺素代替了大脑的思考，心跳的速度盖过了思维的碰撞，哪怕你追求的正是这份"速度与激情"，但当节奏降下来时，你总会疑惑这段关系能否平稳地持续存在。

温尼科特的"环境母亲"是一个相当形象的隐喻，当母亲怀抱婴儿时，双臂环绕的姿态是一种温馨的抱持，能够被这样抱持，是令人安心的，会让人感到身心都无比安全。"环境母亲"是否可以像一个真正的母亲怀抱婴儿那样，给你一种身心都无比安全的感觉，决定了"环境母亲"是温暖、有力的还是破碎、凋零的。

而环境除了包含物理状态，还包含社会状态。你可以回想一下你大学或中学校园的物理设施怎么样，包括教室、宿舍、实验室、每一条道路、每一丛花草。如果每个环境细节都给你舒适感，你便更容易以一种积极的心态融入其中。而环境的社会状态也十分重要，学校里的老师、同学如何，以及大家总在谈论什么、关心什么、竞争什么，等等。这种社会状态让你感到被包容、被接纳，还是被拒绝、被压迫或被忽视，将在很大程度上影响你是渴望融入还是试图逃离。

如果处在一个令你感觉被拒绝、被压迫或被忽视的环境里，你很可能会和每个人保持距离，以冷漠的态度与人交往，你可能就不会打开自己的内心与人产生更亲密的关系。相反，如果你在一个令你感到被包容、被接纳的社会环境中，你会很容易和他人亲近，分享内心私密的体验，自然地和他人产生亲密关系。

"环境母亲"也可以追溯到人生的早期，我们能回想起来的最早的环境或许是幼儿园，那里的教室是什么样的，房间的格局如何？有什么让你印象深刻的场景？你在那个场景中处在什么位置，你的感觉如何？这并不是简单地追忆那段经历和那个房间在你记忆中的模样，在某种程度上，它代表了你的内心空间是什么样子。你描述它的方式，一定程度上可以连接到你没有记忆的 0 ~ 3 岁时生长环境的物理状态与社会状态。

而对大多数人来说，0 ~ 3 岁时的"环境母亲"，便是自己原生家庭的模样。你在那段时间是稳定住在自家的房子里，还是跟随父母四处租房、经常变换居住地点？这对 0 ~ 3 岁的婴幼儿来说至关重要，会影响他的安全感。

当你熟悉了一个地方，将那里的床垫、天花板、地板、窗台深深记住后，突然有一天，父母带你去了一个陌生地方，你害怕得哇哇大哭。如果父母能够关注你的害怕，给你恰当的安抚，你会慢慢地适应新环境，熟悉新家。但如果这样的环境变换过于频繁，而父母无暇顾及你由此产生的害怕情绪，那么"环境母亲"在你的心里就是充满动荡和变化的，是不稳定的存在。成年后的你总在不同的城市奔波，一直无法决定在哪里定居，似乎漂泊与流浪是你的宿命一般。其实没有什么宿命，只是你在用遥远的记忆运转你的人生。

0 ~ 3 岁时期的"环境母亲"另一个重要之处在于它的社会状态。如果当时父母关系和睦，彼此充满爱意，家庭氛围温馨，那么孩子成年后会更容易融入一个集体，捕捉到集体中温馨、温暖的一面；如果那段时间父母之间充满冲突、争吵，甚至发生暴力，孩子在日后的成长中，就会更容易在集体中感受到冲突、暴力，甚至会被有"暴力"倾向的人吸引，卷入一些冲突事件中；如果那时父母的关系疏离，他们很少交流，氛围安静、凝固，那么孩子成年后对集体的感受可能会充满疏离感，他们害怕沉默与安静，希望人们活跃起来，好让自己在滔滔不绝的谈话声中隐匿起来。

当然，文字无法准确描述当时的每一个细微之处，也难以表达出你内心丰富的感觉，每个人对"环境母亲"都有自己独特的感知，它就在你的身体里、心灵里，觉察它的存在，可能会让你对一段关系是否安全有新的理解。

稳态的特点（二）：稳定的在场

在魏蓝天的人际关系成长小组中，最沉默的是莫海，他很少在小组讨论中发言，只是默默地听大家说话。他觉得自己在集体中总是默默无闻，是不会被关注的。但实际上，他的存在感一直都不弱，小组中的每个人都对他印象深刻，原因很简单，他每次都按时出席，从来不迟到、不缺席。他有一些特定的表情和神态，听到有人讲述悲伤的事情时，他会皱起眉头，仿佛那些痛苦的感觉也在揪着他的心；听到有人讲述有趣的事情时，他会仰头大笑；有人滔滔不绝地一直讲话时，他会用脚在地上打拍子，仿佛在提醒讲话的人要注意节奏，别一直占着话头不给其他人表达的机会。

尽管莫海很少说话，但他的形象是鲜活的，随着大家彼此熟悉起来，大家都认为莫海是小组中最重要的成员之一。而他的重要性在于他是小组中最稳定在场的成员。

● **在场的力量**

我最初学习心理咨询时，一位资深的人本主义咨询师教导我：

心理咨询需要做好简单的三件事：去倾听、去陪伴、去见证。我当时对这种说法不以为然，后来慢慢意识到，这三件事组成了一种基本的力量——在场的力量。

不论人们渴望什么，探寻什么，都需要力量才能行动起来，就像汽车有了发动机还不够，还需要给它加油。安娜·弗洛伊德说"要建造房子"；比昂说"你需要有一个足够大的容器"；鲍尔比说"要有一个稳固的基础"……心理学家们的这些隐喻都指向同样的观点——人首先要感到内心稳固，才有力量前行。

而稳固的来源，是一个如房子、地基一般的东西，它会稳定地存在，成为你生命里自然而然的一部分，有了它，你就像脚踩大地一般安稳，同时又对此习以为常。

有一首家喻户晓的歌曲叫《同桌的你》。在学生时代，我们对同桌有那么深的情谊，几乎每个人都记得那么一两个印象深刻的同桌。这是为什么？你可能说出很多理由：你们性格相似，有共同的爱好，有共同的偶像，有相似的家庭背景等，可这些都不触及本质。同桌之所以给我们留下深远的影响，原因只有一个——定期见面。放学时，你收拾好书包，和同桌说一声"再见"，这句"再见"不是告别而是一个仪式，你们彼此都很清楚，第二天早上 7 点，一定可以再次见到对方。一年两个学期，至少有 8 个月，你们彼此都非常确信这一点。这样的关系再好不过了。回想一下，你现在的性格、为人处世的方式，你心中的信念、理想、对未来生活的美好期许，你的偶像或是敬佩的人是哪种类型？有多少受到当年"同桌的你"的影响？

一段理想的关系，就是从允许对方成为你的"同桌"开始。你只有允许对方成为你的"同桌"，你们定期见面，你才可能真正从这段关系中吸收新的经验、新的体验，才有可能在这段关系里种下一颗种子，在日后的生活中慢慢生长出新的信念、理想，以及对未来生活的美好期许，长成自己敬佩的人或偶像的样子，长出一个新的自我。

在我的工作中，一段颇有成效的心理咨询往往也以它本身的时空设置为基础。咨询师大多非常强调定期见面（通常是每周一次或多次），固定在某个特定的时间和地点（通常是咨询师的工作室，一间 8 ~ 20 平方米的小房间，安全、私密、不受打扰）。当这样的设置稳固后，两人持续见面，不论是激烈争吵、温情表白，还是谈天论地都可以。随着岁月的积累，你会逐渐发现，对面这个人就像曾经的"同桌"一般，你可以和他分享内心的秘密，在分享秘密的过程中探索他内心更深处的存在。这是心理咨询中"定期见面"的重要性，也是"在场"的力量。

除了心理咨询关系，其他亲密关系也具有这样的特点，你们分享秘密且稳定在场。那些突然"玩消失"的朋友、爱人是令人不安的，你很难相信当你需要他时，他会及时出现。于是，你会把部分感情撤回，不把太多的希望寄托在对方那里。相反，在稳固的关系里，彼此只需要在关键时刻说出那句"我在"。

人不可能一直"在场"，我们总有和亲人分离的时刻。想一想，是什么让那些分离不再可怕，而让"在场"成为主流呢？这依然要回溯到你人生早期那些重大的分离时刻。

我第一天上幼儿园时，妈妈把我送到门口转身要走，我抓着她大哭，内心冒出一个念头："如果放开她，我可能这辈子再也见不到她了。"在我日后的人生里，这个念头会在一些时刻莫名地冒出来。18岁读大学那年，父母把我送到火车站，他们在安检口外向我招手时，我突然冒出一个念头："这不会是我们这辈子最后一次见面吧？谁知道呢？"研二的暑假，是我读书生涯的最后一个暑期，爸爸最后一次来学校找我，他转身离开时，我看着他的背影渐行渐远，又冒出这种感觉："这是这辈子最后一次见他了吧？他的背影那么落寞。总有一次我的预感会实现，不是吗？"这类感觉是我前面谈到过的"分离焦虑"。每当和生命中重要的存在分开时，它们都会冒出来。对幼儿来说，分离焦虑是极其难以承受的，所以孩子会想尽办法抓住对方，不肯分离。

儿童心理学家玛格丽特·S.马勒（Margaret S. Mahler，1897—1985）提出，0~3岁的婴幼儿最重要的一个成长任务是"分离–

个体化"（separation-individuation）。这个时候，婴幼儿的发展有两条路径：其一是"个体化"（individuation），孩子会逐渐形成"我"的概念；其二是"分离"（separation），孩子逐渐和母亲分离，迈向更广阔的世界。3 岁时去上幼儿园，就是完成"分离"任务迈向更广阔的世界。这是人生第一次经受重大考验，这场考验会给孩子带来巨大的"分离焦虑"。

因为在"分离 – 个体化"之前，婴儿感觉到自己和母亲无区别地在一起。即婴儿和母亲处于"共生"（symbiosis）状态：我们是一体的，你中有我，我中有你，甚至无所谓你我。这时，婴儿的内心处于一种融合状态。如果婴儿在 0 ~ 1 岁时这种融合状态频繁地被打断，其后果就是母亲偶尔离开会带给婴儿巨大的冲击感。

而在上幼儿园之前，婴儿通常已体验过巨大的"分离焦虑"——断奶。如果断奶不顺利，让婴幼儿痛苦、抓狂，就相当于在他们的心智里种下了一颗种子，成为上幼儿园第一天情感崩溃的情绪记忆。如果他们心里已经种下了这颗种子，比如母亲在喂奶期间被打断、频繁离开，婴儿的心里就会留下不断被"抛弃"的恐惧感。那么在他去幼儿园时，一定会冒出那个念头——"妈妈要抛弃我，这辈子，我再也见不到她了"。

作为一个母亲，可能需要花费很多精力给孩子澄清自己不会抛弃他，不停地对孩子说"妈妈今天下午 5 点之前一定会来接你，你看现在天是亮的，等到天快黑的时候，你就会见到我了"，并且说到做到。如果偶然遇到意外，母亲没有做到，就可能需要花费更多精力对孩子解释自己今天遇到了什么事情，在做什么，想到自己不能及时出现在孩子面前时是什么心情。

对于分离，可预期的重逢极具疗愈性。让孩子意识到妈妈会稳定存在，准时出现，不仅对幼儿很重要，对 0 ~ 1 岁的婴儿来说也非常重要，那些可以如期出现的妈妈会给孩子带来安全感，让他们不害怕短暂的分离，因为他们知道"过一会儿，你就回来了"。这就让当下的分离不再那么令人恐惧，只是让人有点儿不愿意和不舒服，而这是可以承受的。

所以实际上，"在场"不是融合，不是每时每刻都在一起，而是当分离发生后，能够确定对方一定会回来，这意味着双方的关系有一个坚固的基础——不论如何，我们定会重逢。这便是在场的力量。

感受亲密
在关系中获得幸福的艺术

稳态的特点（三）：自我的延伸

"你们在日常生活中会经常提起我们的小组吗？"魏蓝天问大家，"尽管我们承诺了要对小组谈论的内容保密，但是我相信，大家或许会在生活中提起我们小组的存在。你们有谁会每周提起 5 次以上吗？"

全员都举起了手。魏蓝天接着问："有多少人每周提起 10 次以上呢？"

近一半的成员放下了手，其他人继续举着手。

大家对这个结果都有些惊讶，林江河率先发言："我还以为只有我会经常提起我们小组呢，没想到大家都是如此。我经常对我妈讲我最近这周在小组中的收获和体验，这几乎成了我每周和她联系的家常。"

楚山川接着讲："我也是，我会经常和我的伴侣讲这个小组的事情，她总是和我开玩笑说，'你去和他们过日子吧'。我发现我有时会把在这里的体验和与她相处的感受做比较，实际上是想表达对她的不满。她戳穿了我的想法，我们的沟通也更直接了一些。"

魏蓝天说："你们都说得很好。就像林江河说的，它成了一种'家常'，就像是手握一部手机的感觉，你知道它不属于你身体的一部分，但又似乎感觉它成了你的一部分，它延伸了你的自我感。"

"延伸了我的自我感……"小组成员们陷入沉思。

● 自我的延伸

心理学家观察那些持久、稳定的亲密关系，尝试回答一个问题：哪些情侣一看就知道他们会长久在一起？罗兰·S. 米勒（Rowland S. Miller）为此提出了"关系维持机制"概念。"关系维持机制"可以分为两个轴，轴一是"认知维持机制"（cognitive mechanisms），轴二是"行为维持机制"（behavior mechanisms）。前者是指，在关系中持有哪些想法、信念的人关系更为稳定；后者是指，在关系中常常有哪些行为习惯的人关系更稳定。

"认知维持机制"的第一个要素就与自我的延伸有关，在听他们谈话时，你可以观察到这一点。有些亲密的情侣在谈论自己时常常用"我们"和"我们的"取代"我"和"我的"（Agnew et al., 1998）。这意味着，他们在考虑自己时往往会把关系纳入其中。当一个人对自我的定义具有认知上的相互依赖（cognitive interdependence）时，会对这段感情具有更多的自我投入，从而容易长久地维持这段关系。

林江河和楚山川在谈论小组时也是如此，他们在谈论自我时往往会考虑自己在小组中的表现，以及其他小组成员如何看待自己。于是，他们的自我就在小组中被丰富、被延伸了。林江河也许从来没有发现自己是一个健谈的人，她总觉得自己在不熟悉的人面前很紧张，不知道如何开口，哪怕内心有想法想和对方分享，也往往迫于一些人际压力作罢。但是在这个逐渐熟悉起来的小组中，林江河收到很多小组成员对她的反馈，说她的发言很精彩，她讲述的故事都给人较深的印象，她传递出的情感令人动容。这样的反馈，林江河也不是从来没有收到过，她想起自己在小学一年级时连续两学期拿了演讲比赛的冠军，老师和父母都夸赞她讲故事的能力强。她知道自己有讲好故事的能力，并能将这种能力用在演讲中，只要她不看观众，只注意自己要表达的内容，就可以自如地把心中所想都表达出来；可是一旦她看向观众，发现有人注视着自己，紧张的感觉就冲上头顶，内心的平静就会被打乱，语言的节奏就不再平稳，于是磕磕巴巴甚至平翘舌不分的情况都出现了。

　　但小组成员的持续反馈让林江河找回了小学时在演讲比赛中夺冠的自己，她发现自己一直拥有讲好故事的能力。在这段关系中，林江河被压制的自我被重新发掘，并得到了延伸，她越来越能够放松地谈话，在和别人对视时也能保持内心平静，把注意力放在分享的内容上。林江河常说这是"我们的发现"，小组成员们一起发现了这个林江河。

　　"认知维持机制"的第二个要素叫"积极错觉"（positive illusion）。我们常说的"情人眼里出西施"便是这种情况。当一个人以最积极的心态看待对方和彼此的亲密关系时，这段关系会维持得更长久（Gagne & Lydon，2003；Murray et al.，1996b）。你不仅可以观察对方的眼神，还可以观察对方的措辞，如果一个人用美妙的词汇描述他的伴侣，而其他人觉得不可思议，认为他的伴侣根本不像他说的那么好，直感叹"情人眼里出西施"，你就能确定，这对情侣会长久在一起。

　　楚山川便是如此谈论这个小组的。实际上，他在小组中也收到过一些负面反馈，比如有人觉得他过于炫耀，常常要展示自己多么好；有人觉得他说话语气常常明褒暗贬，好像有种嘲讽他人的姿态。不过，楚山川并不觉得这个小组对自己不友好，相反，他总觉得这个小组对他十分包容，哪怕自己说些过分的话也是被允许的。这就像"积极错觉"一样，明明有一些不愉快的时刻，但在楚山川的心里一切都是美好的，小组里充满温馨的氛围。他把这种感觉说给伴侣听，告诉她小组有多好时，伴侣就是一个外部观察者，会戳穿他的"错觉"："小组根本不如你说的那么好嘛！你之前还向我吐槽和抱怨呢！"但楚山川依然觉得小组很棒，这里包含了他的自我延伸——我的，就是好的。

"认知维持机制"的第三个要素是"我们的感情独一无二"的想法和信念。这种现象叫"认知到的优越感"（perceived superiority）。你们觉得这段关系很特殊，对方是少见的、特别的，自己不能失去对方，这段关系非常出众，没有比这更好的（Buunk & Ybema，2003）。这样的想法常常会使亲密关系维持更久（Rusbult et al.，2000）。

那些在日常生活中每周会有 10 次以上谈论到小组的成员，都赞同"我们的小组是独一无二的"。有人说"我们的小组很独特的地方是，男女比例很协调，男女各占一半，这在女性占比极高的心理成长团体中很少见，很多心理成长团体连一位男性成员都招募不到，可我们有 4 位男性成员，这多特别"；有人说"我们的小组运行 3 年了，这也很难得，好多小组一两年就解散了，而且我感觉我们可能会继续运行很多年"；有人说"我们小组的成员很多样，年龄、职业、性格、个人的议题，都很不同，我们有这么大的差异性还可以维持下来，很特别"；有人说"我们小组的带领者魏蓝天就很特别呀"，这句话逗笑了大家，掌声雷动，大家都表示认同。

在"行为维持机制"中，一个很重要的特点叫"米开朗基罗效应"，这个效应的核心点是，关系双方彼此促进的力量超过了嫉妒的力量，从而让双方变得越来越好。当人看到对方拥有自己没有的东西时，常常会嫉妒对方，但同时也可能激发出榜样效应，渴望向对方学习，努力让自己更好。比如，对方是一个勤奋向上的人，但自己并没有对对方更快的进步感到嫉妒、焦虑和担忧对方要抛弃自己，而是为了追上对方的脚步，也变得勤奋努力。这样的关系会更持久、更稳定（Rusbult et al., 2005）。

嫉妒一直是小组中持续存在的情感。每个人都有一些特点是别人没有的，林江河讲故事的能力、楚山川的自信、莫海的稳定，都曾被其他成员所嫉妒，但在魏蓝天的引导下，嫉妒没有成为破坏性力量，而是转化成了彼此促进的动力。大家从彼此身上看到优点，映照出自己的不足，但大家不为自己的不足而自卑或恼怒，而是把小组当作资源，当作一个可以丰富自己、促进自己的宝藏。好的关系也是如此，看到对方身上拥有自己不具备的东西，要懂得其存在不是为了映照自己的糟糕和卑劣，自己可以将它作为资源和宝藏，用来丰富自我，促进自我的成长。

上述这些机制都包含着"自我延伸"的影子，当我们不把对方看作外界或不属于自己的一部分，便不会有那么多嫉妒、贬低和冷漠，而是会将其作为促使自我成长的积极资源和丰富宝藏。

第四章

分化与独立期

从"我们"到"我"：分离 – 个体化议题

魏蓝天的人际关系成长小组顺利运行大半年之后，小组外的私下聚会开始陆陆续续发生。在这个小组中，小组成员突破小组的边界，在小组约定的时间和地点外私下约见是被禁止的，因为这会让部分成员变得更亲密。并不是小组不允许部分成员产生更亲密的感觉，只是希望他们在全员的环境里谈论这种感觉，这样可以让大家产生共同的思考和体验。

不过，小组外私下聚会的情况总会不可避免地发生。它的发生，始于有人第一次感觉到活动结束时和大家道别是一件略带伤感的事。随着小组的凝聚力越来越强，彼此越来越亲密，有些人每周都会有很多话想和大家说，即使没有那么多想说的，也乐意多花些时间和大家待在一起。所以每次小组活动结束，很多人感到有些意犹未尽，不愿离开，大家会在走廊、楼道徘徊很久，一起回去的路上继续闲谈着，不舍得分离。

这种依依不舍会逐渐演变成一个念头：我们在两次小组活动之间私下约见一次如何？这种提议一定会有人响应，于是，有些成员的关系开始更加紧密，突破原本的界限。这种突破背后，反映的是人们的"分离"困难。

● 玛格丽特·马勒：分离-个体化，亲密关系中终身发展的议题

在谈论"分离焦虑"时，我们提及了玛格丽特·马勒的"分离-个体化"概念。这个概念从 0 ~ 3 岁的婴幼儿的世界出发，指出了早期儿童心理发展的重要任务是和母体分离，迈向更广阔的世界，从而形成独立的自我。

不过，"分离"与"回归"是对立统一的，人们既渴望有独立的自我，也渴望依赖他人。在更宏观的意义上，"分离-个体化"是人在亲密关系中终身发展的议题。一方面，成年人也时刻渴望有可靠、可信赖的人，可以让自己放心地依赖；另一方面，在有些时刻，人又希望自己可以独立自主地做出决定，选择自己想要的生活。

而魏蓝天的人际关系成长小组就天然地成了这样一个"试验场"，让人们体验到"分离"与"回归"的交替发生。大家在每周六的 19 点在这个 20 平方米的咨询室里共聚一堂，谈论许许多多的感受和想法，到 21 点时曲终人散、各回各家。下一周又是一次重复。

其实，稳定的家庭生活也是如此。如果夫妻双方各自拥有一份朝九晚六的工作，那么早晨出门上班就是一次"分离"，傍晚下班回家便是一次"回归"。只是这种"分离"与"回归"的频率很高，人们对这种短暂的分离很容易忍耐。但打破这种常规的更长时间的分离，就会对关系形成挑战，比如一次短期的出差、一份长期的外派工作，或者是其他原因造成的双方不定期的分离，都会唤起人们的内在小孩对"分离－个体化"的焦虑体验。应对这一挑战，就是体验一个相反的、从"我们"到"我"的过程。

从"我们"到"我"的过程，会让人产生一种"被抛弃"的感觉。说来奇怪，我们明明已经长大，是一个可以独自生活的成年人了，但"被抛弃"的感觉却依然会时常出现。陈奕迅那首家喻户晓的歌曲《十年》音乐短片（MV）中有这样一个场景：陈奕迅木讷地站在陌生的街头，来来往往的人与他擦身而过，有一些还或轻或重地撞上他的肩膀。很多人对这段 MV 的描述是失落、孤独和无助感。的确，它反映的是这些感受，但在更深层上，这个场景蕴含的是一种"被抛弃"的感觉，一个人"被抛弃"在陌生的街道，与周围的一切失去联结，无所依靠。这种感觉是每个成年人在孤独时都会或多或少体验到的，只是很少有人承认它，因为它让自己显得太脆弱、太幼稚，仿佛自己还是一个小孩子，这多少是令人感到羞耻的。

但在根本意义上，人类都处于"被抛弃"的状态中，对此，存在主义与当代精神分析的思考不谋而合。存在主义哲学家海德格尔认为，人都处于一种"被抛弃"的状态。我们都被抛入这个世界，没有权利去选择在何时、何地、以何种方式出生。我们的种族、肤色、身高、体重、父母、出生时的家庭环境，甚至早期的生活经历，都不是我们可以选择的，我们就像浮萍被抛到水流中，随波逐流。而在一段亲密无间的关系中由于现实原因需要和对方分离时，虽然在理性上非常理解这种分离是工作需要，是为了更好的生活而做的短期计划，但那种"被抛弃"的感觉仍然会被唤起。

借鉴儿童健康发展的过程，成年人面对"被抛弃"的感觉时可以通过以下三种心理过程实现更好的"个体化"。用很多人在亲密关系中常讲的话来说，"做个相对独立的人"或"不会过度黏人的人"。

● 更好的"个体化"：过渡现象

要实现更好的"个体化"，第一个心理过程是"过渡现象"。在儿童发展过程中，有那么一个特殊时期，幼儿开始不再一味黏着妈妈，而是可以做到和妈妈分开一段时间，不过，与此同时他们会在周围的环境里寻找一个物品作为暂时的依恋对象，比如午睡时用的毯子、枕头、抱枕、玩偶等，这个物品的特点是必须柔软、亲肤、触感良好，只要一抱着它就让人感觉被安抚。幼儿通过这种替代性的感觉模拟和创造被妈妈温柔环抱的感觉，从而让自己可以主动地保留这种美好的感觉。这么做的好处是，幼儿由此发展出主动性，不再完全被动地依赖妈妈，因为他发现妈妈也是一个独立的人，有她自己的思想、情感和行为，而不是一个他可以召之即来挥之即去的客体。他必须依赖自己的力量找到自我安抚的方法，而他也会发现，妈妈的安抚之所以如此有力，源于她的身体温暖、柔软的触感，所以抱枕、毯子这类物品是天然的好的"过渡客体"，帮助幼儿模拟被妈妈温柔环抱的感觉，从而使其学会主动地自我安抚。

对于成年人来说，在和亲密的他人分开时，即使自己非常清楚对方并非要抛弃自己，也会在身体上、情感上产生不舍的自发反应。所以我们可以向健康发展的幼儿学习到的第一件事便是——找到"过渡客体"，学会自我安抚。

如何找到"过渡客体"呢？其实答案就在幼儿找寻毯子、玩偶、抱枕的过程里。你要找到那种被人安抚的感觉。想想看，在你的亲密关系中，是什么让你感觉到安心呢？这个问题的答案也许并不那么显而易见，因为成年人的亲密感不像幼儿的那么单纯，并非只要得到妈妈暖暖的拥抱就可以感觉无比安心、舒适，甚至有些人的安全感处于一种"情感倒错"的状态。所谓"情感倒错"，就是让大多数人感觉消极的事情，却会令他从中体验到积极的情感。比如，大部分人和亲密伴侣大吵一架后会感到挫败、受伤和痛苦，但有些人却会感到痛快、兴奋和安全。在他们心中，我可以勾起你的愤怒，意味着你在乎这段关系，你是重视我的，否则也不会如此怒不可遏，所以在他们心中一场激烈的争吵反而是令人安心的证明，证明自己和对方的确处在一段亲密的关系中。

但倒错的情感会给人带来混乱，他们一方面为这段亲密关系感到安全；另一方面又不可避免地感到身心安全受到威胁。这种既安全又危险的感觉十分矛盾，让人混乱。人们之所以会出现倒错的情感，起初是为了避免承受巨大的痛苦。在儿童时期，当某些情感"溢出"后，儿童只能用一种奇怪的方式去避免相似的情况出现。比如一个孩子的母亲情绪极不稳定，对孩子时而冷漠时而热情，稍不如意就会恶狠狠地打骂孩子，孩子为了避免被忽视、被抛弃，反而故意制造一些麻烦，引起母亲的注意，哪怕被母亲恶狠狠地打骂，也远比被完全忽视好得多。有些人则相反，为了避免剧烈的攻击，他们会躲开关系，宁愿活在绝对孤独的境地中。这是一种"两害相权取其轻"的应对方式，在无力抵抗巨大的动荡与不安的生活时，唯有如此，他们才能维持内心的平和。

要在这种混乱的感情中找到令人安心的感觉是相当困难和复杂的。比如把被打骂当作被对方在意，从而感到关系稳固、为此感到安心的人，当面临和对方分离时，会感到关系遭受威胁，于是开始破坏规则、惹怒身边其他人，寻找熟悉的被责骂、被攻击的感觉来获得自我安抚。对他们来说，和他人激烈的冲突就好像内心的儿童安抚毯，他们在被骂、被打、被攻击的感觉中确认关系稳固。但这种确认在外界看来，是一种"倒错的情感"，因为多数人会觉得激烈的冲突和攻击是撕裂关系而非稳固关系的。

所以，成年人要获得"自我安抚"往往要比儿童困难许多，因为其心理需求远比儿童复杂，简单的身体抚触，柔软和温暖的体感并不能完全安抚好内心的不安。也正是因为它复杂，我很难描述每个人内心的"儿童安抚毯"是什么样子。不过有一种感觉可以帮助我们发现它的存在——你和亲密伴侣在某些时刻获得的一致的体验可以引领你找到你的"儿童安抚毯"。比如你们在一同经历某件事时默契地相视一笑，想到一起去了；或是在激烈的沟通中突然打通了彼此的心灵，互相明白了对方说的话。组成你们亲密关系最令人感到被安抚的时刻，是那些让你们心灵相通的时刻，而不是那些你单方面感觉这段感情无比美好，实际并不了解对方到底怎么想的时刻。

在这段关系中，只有当你看到了你们和谐的"双人舞"，你才能无比确切地知道，那一刻你们真的在一起。顺着这种感觉去体会，是什么带来了它，你在那个时刻发挥了什么作用？你可以如何去模拟它、保留它？就像儿童用毯子、抱枕去模拟妈妈的怀抱一样，你可以寻找相似的要素去模拟它。

● **更好的"个体化"：趋向真实**

要实现更好的"个体化"，第二个过程是"趋向真实"。

比昂说："真实是促进成长的，而与真实对抗会让人在精神上虚弱无力。精神病人或人格的精神病性的部分并不接受这样的断言，事实上，他们支持的是相反的观点——谎言是富有营养的，而真实是具有破坏性的。"

有一次我悄悄地为妻子做了一件事，她发现后很惊喜，兴奋地向我表白："今天我好喜欢你啊。"我半开玩笑地质疑道："那你的意思是，你昨天不喜欢我？"没想到她仔细思考了一下，很认真地回答我："仔细想想确实是，相比昨天，我更喜欢今天的你。昨天我没那么喜欢你。"这句话深刻地触动了我，让我体会到这一刻被她喜欢是如此真实、如此鲜活。我意识到，在亲密关系中，喜欢的感觉是不断流动的，有些时刻就是更加惊喜、更加热爱，有些时刻却会陷入平淡、无感，而有些时刻甚至会讨厌、憎恨，这是任何一段亲密关系最真实的样子。而人格的精神病性的部分可能想否认这一点，特别是想否认讨厌、憎恨的部分，甚至否认平淡、无感的时刻，认为亲密的感情一定是时刻热烈和相互喜爱的。那部分拒绝成长的人格，会渴望沉溺在"虚假的美好"中，就像沉溺在婴儿的摇篮里，永远被包裹、永远被保护，始终无法从内在发展起自我安抚与自我修复的力量。因此那部分人格会支持相反的观点：谎言是富有营养的。所以，当他们向亲密伴侣发问："这么说你昨天不喜欢我？"他们期待的是一个虚假的回答："怎么会！我一直那么喜欢你。"明知道这是假的，也甘之如饴。就像每逢佳节送出的那些祝福，"万事顺利""年年有余""永远开心"，这些话好听，但也只是美好的祝愿而已，没有人会"万事"顺利，生活中总有不顺利的事，情绪也总是起起伏伏，有时开心、有时低落。而认识到真实的世界总会起起落落，才能真切地体会到美好，发展出自我安抚与修复的力量，在不那么美好时坚韧地扛过去，坚信度过这波低谷，美好会再次回来。

从儿童发展的角度看待这件事，比如妈妈在睡前陪着孩子一起玩耍，玩到了晚上9点半，妈妈告诉孩子"睡觉时间到了，今天的玩耍要结束了"，孩子大哭大叫地不肯结束玩耍，不愿去睡觉。这一刻是孩子人格中精神病性的部分在呼唤，在坚持一个"谎言"——和妈妈一起玩耍的美好时光可以永不结束。而真实的世界是，再美好的感觉也必然要告一段落，今天结束于此，不意味着永远失去，明天"美好"还会回来，但你必须承受暂时的失去。所以这一刻，妈妈的拒绝是帮助孩子成长的"真实"，而妈妈的妥协是迎合孩子内心的"假象"，因为无论如何妥协，10点、10点半、11

点，总有一刻孩子要去睡觉，一同玩耍的美好体验终要褪去。随着被真实的世界轻微"挫败"，儿童会发展出自我的力量，他们总会找到自我安抚的办法，学着接受一次次美好体验的结束，学着耐心等待下一次美好体验的到来。由此，儿童就发展出了情绪耐受能力，这是他们自我中坚韧的力量，是他们日后遇到各种挫折时自我修复的源动力。

所以促进"个体化"的第二个心理过程是趋向真实。但趋向真实是困难的，人格的精神病性的部分会破坏真实，让我们想躲进虚假的童话里。这个部分会伴随人的一生，不只是儿童喜欢听虚假的童话故事，成年人也爱听各种虚构故事。爱听虚构故事倒没关系，人总要暂时躲避一下真实，但如果一直把虚构当作现实，真假不分，就会造成人格的混乱。例如你亲密的爱人由于升迁被外派到异地，你们要分隔两地，重聚时刻尚不可知；你感到恐慌不安，就像四岁时妈妈催你睡觉的那个夜晚，亲密无间的玩耍要暂时结束，你们要分开。你人格中的自我修复力量会安抚好内心那个四岁的小孩，告诉自己这会使你们未来有更美好的生活；而你人格中精神病性的部分会破坏这个真实，用"假象"来迷惑现实，你开始想象两地分居的困难，对方可能会移情别恋背叛自己，感情可能会逐渐淡去，各式各样的糟糕想象浮现出来，被抛弃、被伤害的恐惧进一步被激发。这两股力量必然会同时出现，时而自我修复的力量占据上风，让你捕捉到你们感情牢不可破的信号；时而精神病性的部分占据上风，让你幻想出感情破裂的迹象，甚至梦到可怕的情景，如庄周梦蝶一般分不清哪是现实、哪是梦境。

人们很容易在面对外界的压力时选择忽视内心真实的声音。要想趋向真实，你需要不停地叩问真实的自我。

A 女士明明想下班后去看电影，结果临下班前，领导问她晚上有没有其他安排，能不能加班，A 女士却说："没有其他安排，可以加班。"B 先生想周末去看球赛，周五下班后，伴侣问他"咱们周末怎么安排"，B 先生却说"一切听你的"，结果只好陪伴侣去逛街。C 同学面对别人的请求总会回应"好的"，同桌让他帮忙带饭，他说"好的"；班长找他借钱，他说"好的"……哪怕他不愿意，或答应下来的事情对他来说不容易做到，他也习惯性地说"好的"。这些都是讨好型人格的表现。

所谓讨好型人格，就是当事人内心真实的声音明明是"不好""我不要"，可说出口的却是"好的""没关系""我都行"。因为人格中精神病性的部分发出了一个"谎言"——只要我不拒绝他人，就会被喜欢。

他们误会了被喜欢背后的真相。如果一个讨好型人格的人总对别人让步，人们并不一定真心喜欢他。讨好的反面并不是拒绝、反抗和无礼的攻击，而是有边界地承认有些事自己办不到，有些事自己不想办。当一个人维护了良好的自我边界，他才能看清真相，即彼此独立、与你平等交往的人是喜欢你还是讨厌你。没有人能被所有人喜欢，也没有人会被所有人讨厌，你看到的真相必然是有时被喜欢，有时被讨厌。

而"讨好型人格"的人，他们人格中精神病性的部分极力拒绝那些"有时被讨厌"的真相，导致他们干脆拒绝所有真相，极力讨好他人，营造虚假的和谐。在看不到"有时被讨厌"这个真相的同时，他们也拒绝看见"有时被喜欢"的真相。讨好型人格看到的是，人们颐指气使地支使他们或理所当然地利用他们，他们在委屈和愤怒中感觉不到被尊重、被看见。

所以，叩问真实的自我，就是即使害怕也勇敢地表达出自己真实的意愿。你当然可以有礼有节地去表达接受或拒绝，但不要委屈自己，也不要掩盖自己的真实意愿。这并不容易，可能带来令人不快的人际冲突，但你可以看到，不论他人如何对待你，你永远都可以用你的力量维护自己的边界。被讨厌不是唯一的真相，真相中也包含被尊重、被欣赏和被喜欢。

● **更好的"个体化"：内化"好客体"**

要实现更好的"个体化"，第三个心理过程是内化一个"好客体"。

就像幼儿学走路时需要妈妈搀扶一样，趋向真相起初需要一个"借来的"力量。对成年人来说，这个"借来的"力量来自内心的信念——我会被他人如何对待。

你可能会想，"我会被他人如何对待"难道不取决于对方是什么样的人吗？当然，在具体的社交中，互动是双向的，你会被如何对待取决于对方是什么样的人，也取决于你如何对待对方。不过，这个问题依然可能存在一个单方面的答案。比如说，有些人内心藏着秘密，觉得这些不能向任何人袒露，因为一旦让他人知道，必然会为自己招来负面的评价、贬低，甚至嘲讽。这种感觉就是一个单方面答案，不用想对方是什么人，你便很确定这件事的结果。

在你关于"我会被如何对待"的信念中，隐藏了许多这样的"单方面答案"，不管你面对的具体是怎样的人，你们的关系远近亲疏，你们具体的互动如何，你就是如此相信你内在的某个部分会被如何对待。

这种感觉源于你心中有一个被内化的"内部客体"，在某些遥远的记忆中，你曾被那样对待，你感觉无论你怎么做，对方都会那样对待你。比如你有一个冷漠、疏离的母亲，无论你如何吸引她的注意，叫她、喊她、撒泼打滚，她都很少回应你，任你哭天喊地，她就是装作无事发生。这让你记住了这种互动的感觉——无论我如何呼唤，对方都可能不理我。于是你心中便有了这样一个带来负面感受的"内部客体"。而这个"内部客体"有时也可能给你带来积极的感受，比如在你生病时，原先冷漠的母亲突然变得关心你，无微不至地照顾你。这时你便记住了另一种感觉——呼唤是没有用的，但生病有用。于是日后你和亲密爱人相处时，每当感觉被冷落，你都容易突然生病，就像打开了你内在剧本的开启键。

每个成年人的内心都有一些既定的客体印象，它来自你的父亲、母亲或早期的其他抚养者。虽然他们是你人生中无法选择的存在，但如果某个既定的客体印象不够好，你依然有机会去修改它、矫正它。

如果你的母亲是冷漠的，你很可能会被冷漠的人吸引而寻找一个冷漠的伴侣，渴望通过吸引冷漠之人的注意力来实现童年未曾实现的愿望；你也可能寻找一个过度热情的人，这是你对冷漠的母亲的反向认同，你要寻找一个完全相反的伴侣来弥补童年的缺失。这两种选择都会让你依然停留在旧有的模式中，陷入麻烦。

一个真正的"好客体"是开放性的存在，会帮助你打开视野，看到更广阔的可能性。比如，人并不是只有冷漠和热情这两个维度，而是有很多维度。而且冷漠和热情也不是绝对的"有或无"，你可能会发现一个人有时冷漠、有时热烈，重要的是他拥有开放性，欢迎你表达任何感觉，和你讨论你觉得不好的时刻，通过讨论修复你受伤的心。如果你选择了一个"好客体"作为伴侣，那是无比幸运的，而如果你的伴侣没有足够的开放性，你无法和他去讨论内心糟糕的体验，你依然可以去向外"借来"这个力量，从身边的朋友、可信赖的亲人身上，去寻找"好客体"的影子。此外，你也可以从专业靠谱的心理咨询师那里"借来"这个力量。

感受亲密
在关系中获得幸福的艺术

关系中的我是谁：边界在哪儿

你有没有发现这样一个现象，在公共场合，比如在地铁、公交车上，公园的长椅上，咖啡馆的座位上，人们总是先隔开坐，只有相隔的座位被坐满了，才会有人挨着坐。你很少发现，一辆公交车上只有一位乘客时，第二位上车的乘客会直接坐在第一位乘客身边，除非他们认识。这其实就是我们每个人对个人边界的需要。这是显性的，能够看得见、摸得着的身体上的界限。

有两位心理学家做过一个实验，叫作"空间侵入者"，来测试人们到底需要多少物理上的空间。实验者在公园里找到那些单独坐在长椅上休息的人，故意很靠近地坐到他们身边，观察他们在陌生人突然靠近自己时会有什么反应。实验者发现，36% 的人会在 2 分钟之内起身离开，约 70% 的人会在 20 分钟之内离开。实验者还发现，60 厘米之内是一个人的个人空间，当你和一个陌生人的距离在60 厘米之内时，对方会感到不舒适。

大多数人都需要一定的个人空间，不喜欢被别人靠得太近。而且人们不只需要物理空间，还需要心理空间。

什么是"心理空间"呢？例如，你十几岁时，会把很多复杂的心情写进日记里，你甚至会挑一个可以锁起来的日记本或把日记藏在柜子里，不让别人看见；你二十几岁时，经历了很多情感动荡和波折，每次亲戚们问你什么时候结婚，你都非常不想回答他们的问题，想藏起来；你三十几岁时，孩子开始上学，他在班里表现不太好，朋友聚会时大家聊起自己的孩子，你不想吱声，希望他们不要看见你。这些你想藏起来不让人看见的秘密，就是你的心理空间。十几岁时偷看你日记的父母，二十几岁时打探你的感情状况，不停催婚的亲戚，以及三十几岁时询问你孩子学习成绩的朋友，都是你心理空间的侵入者。

那么，不让任何人进入自己的心理空间，是不是健康的状态呢？当然不是，如果把一切想要闯入我们内心的人都拒之门外，我们的内心会变得很空洞，就像有些时候你喜欢在家独处，可如果一直这样下去，你也期待有人来陪伴你。所以，一个好的状态，是你的心理空间有一个非常灵活的大门，允许一部分人进来，看到你内心的一部分，又能把另一部分人阻挡在外，让他们只能远远地看到表面的你。

最重要的是你要非常清楚允许哪些人看到哪些部分，而且能够很好地对此进行管理。这样的个人边界就是灵活和具有弹性的。在非常亲密的关系中，保持边界的清晰、灵活和弹性，不是一件容易的事情。

情侣间有一个非常刺激惊悚，又能极大促进亲密度的小游戏，叫"挨个儿介绍微信好友"。有些人会很乐意向另一半介绍自己所有的社交情况，但有些人会觉得这太可怕了，想保留一些隐私，这就是一个边界问题。类似的还有，你们在亲密关系中，会互相看对方手机吗？

这些问题没有标准答案。重要的不是你愿不愿意向对方打开心灵的大门，而是当你选择打开或关闭时，你们是否融洽一致，你在这个过程中有没有产生失落、为难、愤怒、怀疑的情绪，以及这些情绪是否可以向对方表达。

如果你从来没有想过这些问题，你可能会发现，你和亲密伴侣之间的边界是缺失的。你心里明明有一些地方不想让对方进来，却从来没有这么做过。这里有三个方法，或许可以帮助你在亲密关系中找回一些边界。

第一，发展出自我分化的能力。自我分化，又可以叫"自我分辨"或"自我辨别"，也就是说，你要意识到，在和对方相处时，有些情感、观念和态度是自己的，而有些则是对方的。进入亲密关系后，很多时候你感觉你中有我、我中有你，逐渐不清楚什么是"我的"，很多事情都成了"我们的"。比如你们会一起看电影，或是关注同一条社会新闻，你的亲密伴侣有很多观点和态度想和你分享，当对方滔滔不绝地讲完后转头问你："你怎么看呢？"你可能一时不知如何回答，只能点头应和："你说得对啊，我赞同你说的。"你的应和可能是脱口而出，或者是你在大脑一片空白时唯一能找到的不引起争执、不让对方失望的回答。但这句回答中没有你自己，也就是说，你没有"自我分化"，没有找到你此时此刻的态度和感受。在这个瞬间，你融入了对方，对方刚才滔滔不绝地表达的观念就变成了"我们的"态度和观点，你自己的思想与感受却被吞掉了。

如果你放任这一刻过去，可能也会放弃思考自己真实的想法是什么，你会自然地吸收和认同伴侣的观点和想法。但如果你尝试自我分化，独立地想一想自己对这件事的想法，你或许会发现，你可能和对方想的不同，甚至观察到的事件细节都不同。这样你便会分化出自己的思想与感受，你可以选择回过头去和对方谈谈，也可以让它"过去"。但这时的"过去"，和不经思考地让它"过去"不同，下回再遇到相似的情境你就会知道，我想的和你想的不一样。

日常生活中的很多事情也是如此。例如你和伴侣几乎总是一起出行，每次都是对方规划行程，你手机里的出行软件几乎没使用过，你偶尔独自出行，竟发现自己连出行要注意的事情都不清楚。又例如你家一直是你的伴侣做饭，几乎没有例外，当伴侣出差时，你连下碗面都不会，只能点外卖。这些事情都意味着，由于生活变成了"我们的",你对许多基础的技能与信息一无所知,因此当生活又从"我们"变成"我"时,你感到茫然,不知道从何下手。

第二,"明确底线",或者叫"讨论禁忌"。你要在亲密关系中分辨出哪些是你无法接受的行为。如果说自我分化是分清楚边界在哪儿,"讨论禁忌"就是把边界的墙竖起来。曾有一篇报道讲述了婚姻专家列出的婚前必问的 15 个问题,其中包含了:我们要不要孩子,如果要,孩子主要由谁负责?我们的赚钱能力及目标是什么,双方的消费观念和储蓄观念会不会发生冲突?我们有没有详尽地坦陈双方的病史(包括精神病史)?卧室能否放电视机?我们永远不会因为婚姻而放弃的东西是什么?

这些问题之所以重要,正是因为它们讨论了"禁忌"和"底线",无论是生活中重大的事项,比如是否要孩子,还是生活中鸡毛蒜皮的小事,比如卧室能否放电视机。别以为小事就可以随随便便过去,今天退让一步,明天退让一步,时间久了日子就过不下去了。的确,生活中出现分歧必然需要妥协和退让,但被忽视的退让会积累成无名的怒火,总有一天会爆发出来,毁掉表面的平和。所以,哪怕是退让,也要是经过双方讨论和明确的事情。这样,至少有一面清晰的墙被竖起来,让双方知道边界在哪里。

第三,拒绝或"关门"。自我分化能力不强的人会把拒绝和"关门"理解为"我要和你鱼死网破"。其实,当竖起自我边界的墙之后，在"墙"上开一扇门，通常情况下适时"关门"并不会破坏关系，反而会让别人清楚你的边界，让对方更加了解如何与你相处，很多时候，这样的拒绝或"关门"有助于关系的发展。只要你的拒绝和不满表达得清晰明确，不含含糊糊，对方就会很清楚地发现你的边界，懂得该如何对待你。这会为你们以后的交往建立很好的界限，让彼此都更加清楚对方的规则。

拒绝他人之所以会让人们感到焦虑或内疚，在于"以己推人"的心理过程。古语说"己所不欲，勿施于人"，这句话听起来很有道理，但实际上在人际交往的过程中，很多事情是"汝之蜜糖，彼之砒霜"。你希望自己做的所有事都能被他人接受，你害怕被任何人拒绝，哪怕是轻微的拒绝；但有些人可能更喜欢和边界感强、会适时拒绝的人相处，他们觉得懂得拒绝的人，答应自己时才是真诚的，而那些总说"好"的人，让对方不知道什么时候是真的"好"，什么时候是勉强的"好"。所以，在交往中要尽可能克制自己"以己推人"的心理，不要认为他人在和你相似的处境中会和你有相似的感受。

不只是拒绝，有时善意的"以己推人"也要避免。我以前睡眠不好，住宿舍很容易被室友影响而难以入睡或被吵醒，于是我发展出一种善意，很注意不影响他人的睡眠。有时周末的早晨我醒来后看见妻子还在睡，就会小心翼翼地不弄出声音，让她可以睡一个上午。我以为这是我的善意，可妻子好多次告诉我，她睡觉时并不在意有动静，让我别担心，更重要的是，她并不喜欢我放任她在周末睡一整个上午，她觉得睡多了反而难受，希望我能早些叫醒她。因为缺乏这样的沟通，我自以为为对方付出了很多善意，对方却很困惑甚至产生负面体验。而经过这样的沟通后，我依然习惯在对方睡觉时小心翼翼，只有回想起我们的沟通，我才能意识到我的小心翼翼并不必要。很多时候，"以己推人"的习惯是股巨大的力量，要时刻提醒自己，才能减少它对自己的影响。

分离焦虑：一种被抛弃的感觉

"你们有没有遇到过给对方发消息，很长时间收不到回复的情况？"这周的小组活动中，林江河提出了这个问题。

"当然！如果我说每个人都遇到过，没有人反对吧？"楚山川积极响应，大家纷纷点头应和。

"你们会怎么办呢？"林江河接着问大家。心理咨询师魏蓝天站出来补充道："大家回答怎么办之前，也可以想一想在这种时刻会有什么感受？"

"我会关掉手机，去做点其他事情。"莫海第一个发言了，这很罕见。

魏蓝天接着问："所以你是什么感觉呢？"

莫海沉默了很久，其他小组成员没有任何人插话，耐心地看着他或看着地板。

莫海缓缓地吐出一口气："很难说清楚，是怅然若失的感觉吧，所以会想做点其他事情，产生一些别的感觉，去混合一下。"随后，他又陷入沉默。

"我知道这种感觉"，林江河接过话头，"就像小时候你要攒一个月的零花钱去买那个心心念念的玩具，当你终于攒够钱去商店时，店员告诉你卖光了，"林江河顿了一下，接着说："这是一种期待落空的感觉。你给别人发出一条信息，虽然你猜到对方很可能不会回复，你还是会或多或少地抱有一些期望，心想'万一对方回了呢'。"

　　听了林江河的补充，莫海从混合的感受中分辨出一些细致的感受："期待落空。是的。我很少主动发起对话，所以这个问题在我这里很少发生，当它真的发生时，我一定很期待和对方交流。我好不容易发起了对话，却没有得到回应，对我来说这种感觉比期待落空的感觉要强烈，很可能会使我产生极大的失望，一种被抛弃感。"

　　莫海的感觉激起大家深深的共鸣，有些人说会很强烈地感到失望、被抛弃；有些人说会轻微地感到失落；有些人说会焦虑、急躁，想知道对方是不是不想回复自己。

　　魏蓝天最后总结说："归根结底，这是与他人失去联结的一刻，它把人痛击到孤独的深渊里。"

● **与人失联的时刻：无聊、空虚与被抛弃感**

　　拥有良好人际关系的人通常想象不到完全失去人际联结的人内心是什么状况。我们向他人发出一条信息没有得到回复时感受到的失落，以及持续得不到回复时的无聊、空虚，和那些生活中完全没有人可以联系，没有朋友的人所感受到的孤独，只是程度上存在差异，本质上没有不同。被抛弃感（与人断开联结）引发的无聊与空虚，依然是无聊与空虚。我们每个人都可以体验到它。

那么，为什么有些人可以恢复与他人的联结，有些人却长久地陷入与人失联的状态中呢？这与我们经验"被抛弃感"的方式有关。

有句话说：一杯可乐3元钱，第一口就喝掉了2.5元。这句话的意思是，喝第一口的感觉足够好，从第二口开始，就没有那么好了。这是人类感官的一个特点——适应性，也可以叫它"感官的边际递减效应"。从整个人生的维度来看，也存在感官的边际递减效应。为什么心理学家如此关注人们的童年经历呢？因为那是你在这个世界上喝的"第一口可乐"。第一次咿呀学语，第一次学会走路，第一次摔跤，第一次被妈妈骂，第一次见到陌生小朋友，第一次上学，第一次考满分，第一次上台演讲……无数个第一次，都出现在你人生的早期，往后的人生，你都是在重复这些事。人生早期的经历，就如"第一口可乐"，是最鲜活的、最具冲击性的体验。

我们想象这样一个情境：一个1岁多的幼儿，他十分渴望妈妈的怀抱，渴望和妈妈亲昵，而妈妈整天不在场，他被托付给保姆和爷爷奶奶，而保姆和爷爷奶奶也时常不在场。一天之内或许有3小时甚至 5 小时，这个 1 岁多的幼儿要面对空无一人的房间，独自躺在摇篮里，孤单、无聊，甚至在他饿了、渴了，哇哇大哭时也无人回应他，他不知道问题出在了哪里，只觉得恐慌，渴望有人来帮助自己。幼儿终于召唤来了奶奶，被奶奶安抚好了。他渴望奶奶别走，陪着自己。可过了一会儿奶奶就离开了，他不知道什么时候可以再找到她。孤单、无聊和恐慌，就是这个幼儿与世界交往时尝到的"第一口可乐"的味道。

后来的人生，他会变得特别害怕别人离开自己。18 岁时，交往了第一个伴侣，两人去逛商场，他去洗手间，让伴侣在门口等他。可是当他从洗手间出来时，找不到对方了！他的意识离开了此时此刻，"第一口可乐"的体验涌上心头。10 分钟过去了，伴侣匆匆赶回来，发现他蹲在洗手间门口默默流泪。伴侣完全无法理解："我只是去周围逛了逛，你这是怎么了？"他自己也不明白自己怎么了，只是觉得非常惶恐不安。

这便是一个人被痛击到孤独的深渊里所体验到的。

● **重联断裂：与自己在一起**

对于那些与世界失去联结，也与自我失去联结的人来说，有一件事可以帮助其恢复联结，重联内心的断裂之处。这件事很简单，叫"每天发呆 5 分钟"。

我们整日为日常琐事忙碌，以为自己和这个世界是联结着的，但其实内心是飘浮的。你或许有这样的体会，明明做着某件事，但过一会儿就忘了它。比如你走进电梯却不知道该按去哪一层的按键；握着手机跟人打电话时突然感觉手机丢了，到处找它；本想去茶水间休息一会儿，走进茶水间却感觉一阵茫然，不知道自己去那儿干什么……在生活的河流里，你漫无目的地往前，又时常忘记自己在哪儿，要去哪儿？在很多情景中，你身在而心不在。这就是与自我、与他人断开联结的状态。

而发呆不一样，它可以让你清空计划、目的、待做的事情，只是待在此时此地，全身心地和自己在一起。

我们或许无法确认自己是否可以和另一个人全身心地在一起，但至少可以全身心地和自己在一起。只是发呆，什么不都做、什么都不计划、什么都不想要，当你这样呆呆地坐在窗前看窗外的天空和云朵时，你可能大脑一片空白，也可能有很多纷杂的思绪，并对浮现出的思绪、情绪和感受做出评价，比如"莫名其妙地难过，这很不好""我这样是不是有点矫情了""我竟然在想这个，真是有病""哎，要是当时没那样就好了"……

把脑海中浮现的思绪、情绪和感受看作窗外的天空，把对它们的评价看作天上的云朵，它们相辅相成、交相辉映，构成了眼前的图景，也构成了你内心的冲突与烦恼。此刻的你和眼前的天空和云朵在一起，也和你此时此刻的思绪、情绪与评价在一起，或者说，你正在和你自己在一起。

或许，你可以把刚才发生的一切写下来，毕竟它那么鲜活、那么丰富；或许，你有一些冲动，想和他人分享你刚刚想到的，无论接下来你会做什么，当你心中出现这股冲动时，你就重新联结了自己，知道自己在哪儿，在做什么。

每天如此发呆 5 分钟，你会慢慢发展出一个新的自我。

第五章

共同创造期

持续经营一段关系：成熟的人际关系是什么样子

　　魏蓝天的人际关系成长小组活动举办了 3 年多后，李梦、阿强、楚山川、林江河和莫海等自始而终待在小组中的"创始成员"们越来越觉得，他们 5 人就可以自发地让小组运转起来，作为这个小组的带领者，心理咨询师魏蓝天的存在感好像越来越弱。有好多次，魏蓝天几乎全程说不了几句话，整个过程任由大家自由地发起联想、表达感受，他只是默默地观察大家，在活动开始时和大家打招呼，活动结束时和大家告别。

　　李梦首先说出了自己观察到的，她说："你们有没有发现，我们不太需要'魏妈'了，他已经好久没有发起讨论主题了，这大半年的讨论主题几乎都是我们自由发起的。"（尽管魏蓝天是一位男性心理咨询师，但是大家从他的支持和引导中感受到了母性的温暖，他像母亲照看孩子一样照看着这个小组，所以大家都叫他"魏妈"。）

　　林江河补充说："而且最近这几个月，'魏妈'的话越来越少。这让我有一种'我们是一个成熟的小组，可以自由讨论了'的感觉。"

魏蓝天站出来给大家反馈并好奇地问:"你们的观察很有意思,是什么让你们觉得'我们的小组成熟了'?或者换句话说,在你们看来,成熟的关系是怎样的?"

大家七嘴八舌地谈论起来,于是这次小组活动的主题便是"成熟的关系是什么样子"。

● 李梦:坦诚

李梦率先发言,她认为小组成熟起来最重要的特点是大家越来越坦诚,不仅对待每个人更加坦诚,对待自己也更加坦诚。在历次小组活动中,李梦印象最深刻的是两次负面感受的表达。有一次,林江河对她说:"每个人都有自己独特的感受和想法,而你总是认同别人,从不反驳或表达不同的声音,这会让人觉得你有点假。"

李梦听到这样的反馈,一时不知道该如何回应。其实李梦对这个评价并不陌生,她在许多人际关系中收到过类似的评价,有人会更客气地说她是"好好姐姐",因为她什么事情都说"好";有些人会不那么客气,像林江河那样直接说她"不真诚""有点虚假"。可是李梦想不明白,为什么自己表达认同和积极的态度会被认为"不坦诚"呢?难道在人际交往中,就一定要表达消极的态度吗?

这个疑惑直到两个月前的一次小组活动时才得到了解答。

在那次活动中，好几位成员注意到李梦在反复地查看手机信息，楚山川和林江河问李梦是不是对活动话题不感兴趣，李梦连忙摆手否认，并把手机收了起来，抱歉地向大家解释说是爸妈在家庭群里问自己一件事，自己看到了就顺手回复一下。

过了一会儿，李梦又拿起手机，这次她并没有收到信息，而是在刷朋友圈。"魏妈"问她："李梦是不是家里有什么事情没有处理完？"

这一次李梦感到有些羞愧，她发现原来自己真的撒谎了，她确实对今天的话题不感兴趣，只是不敢把这种想法和感觉直接表达出来。

虽然李梦不想显露内心的想法，可身体是诚实的，总是忍不住去打开手机屏幕，想离开小组和讨论去别处寻找联结。

被大家逼到了墙角，李梦不得不承认，自己确实对这次活动的话题不感兴趣。说出自己真实的感受时，她战战兢兢、如履薄冰，生怕自己的某句话太过刺耳，激怒了大家，所以她说得磕磕巴巴、小心谨慎，一句话说出来要用三句话去解释。

一直没有发言的莫海听不下去了，站出来替李梦说话："我也对今天的话题不感兴趣。我觉得很乏味和空洞，大家好像在表面上兜圈子，并没有真的投入进来。"

莫海的话让李梦尴尬极了，内心像搅拌水泥一样翻腾，她难以想象这么直接地挑明会是什么结果。她觉得这下肯定糟了，大家要攻击莫海了。

实际上，接下来发生的事情让李梦感到非常震撼，也矫正了她的想法，消除了她内心的恐惧。大家对莫海的发言非但没有恶语相向，反而十分友好，有的成员赞同莫海的看法，有的成员虽然和莫海的看法不同，但也并不讨厌莫海的表达，而是从另一个角度理解莫海的感受，而这次活动的话题确实可能会引起两种截然不同的极端感受。

李梦这才意识到，其实自己隐藏了很多和大家不同的看法和感受，并暗示自己"我就是和大家想的一样，大家这么说，我的确觉得有道理"，这种反复的自我暗示与自我对话，逐渐让李梦相信自己没有隐藏什么不同的态度和观点。

直到身体的反应出卖了她，并被他人友好地指出来时，她才逐渐承认，其实自己也会有很多不同的感受和态度，并不总是认同大家。

她由此发现，自己在过去的几段亲密关系中也是不断去发现和对方相同的地方，而忽视和否认不同的地方。每当两个人有分歧时，李梦都会自我暗示："可能对方说得也对，我再想想看。"然后没过多久就自我说服了：既然对方那么确定，肯定有他的道理，伴侣在一起不就是要无条件信任对方嘛，那就听他的好了。

一次两次这样的自我说服可能没什么，但次数多了，就会形成一股巨大的力量，让人感觉浑身不舒服，却找不到问题的症结。你好像可以说出一些小细节来，但又觉得不应该为这些鸡毛蒜皮的小事而烦恼，进而在这种感受和理智的冲突中自我怀疑和矛盾："我是不是太小气了？可是我好难受啊！"

起初，在小组活动时"魏妈"鼓励大家尽可能坦诚，经过这次活动，李梦明白了"坦诚"的含义。对他人，你的确可以隐藏一些话不说出来，但你一定得对自己坦诚，如果自己隐藏了一些话没说，至少要知晓并承认这件事，而不是自我拉扯，一边想表达不满或分歧，一边害怕说出来会造成可怕的后果。

在关系中，说出积极的情感是相对容易的，因为它会拉近彼此的距离，让关系更亲密；而说出消极的情感就非常困难，有些人不仅不愿意说出内心的消极情感，甚至还在自己内心否认和排除这些情感，以为只要自己不去看，它就不存在了。

坦诚的关系就是承认在内心发生的一切，你可以考虑对方的承受能力，选择用恰当的方式去表达，或者让它们留在心里不去表达，但你要明确地知道，在漫长的相处中，消极的情感和积极的情感都是会出现的。

在亲密关系中，谎言与信任是一对永恒的难题，大到背叛、出轨，小到虚情假意地赞美对方今天打扮得好看（其实只是为了省事或让彼此舒心）。日常生活中，每时每刻都可能听到或大或小的谎言，有时你能很轻易地看穿对方在说假话，你们心照不宣，当作一场玩笑；有时看到对方眼神躲闪，你产生了一些怀疑，却不知真相究竟如何。这些模棱两可的信号会给亲密关系造成裂痕，就像危房墙壁上出现一条裂痕，可能会让房子在某次风吹雨打或撞击中倒塌。有时说谎并非恶意，而是出于恐惧和胆小，你不敢面对关系中的裂痕，于是躲开不去看它。但这就像用墙纸遮挡住危房裂痕并不能消除房屋倒塌的危险一样，被你隐藏起来的关系裂痕依然会实实在在地影响着关系的安全。

所以，坦诚需要勇气和胆量，不怕面对冲突、分歧，甚至激烈的争吵。你挑破那层"墙纸"，告诉对方你并不喜欢她这副打扮，可能会一时伤害对方的自尊心，但友善地表达自己的观点并不具有摧毁性，反而会是一次有效的沟通，对方由此听到了你真实的想法，了解到"原来你喜欢那样的我，而非这样的我"。

● 楚山川：边界

楚山川接着李梦的话头说起了自己的观点，他觉得小组之所以越来越紧密，一个很重要的原因是边界。在参加魏蓝天的人际关系成长小组之前，楚山川参加过另一个无带领者的团体，那个团体成立不到一年半就解散了。楚山川回顾说，那个团体解散的重要原因是大家没有维护好团体的边界，在团队成员之间越来越熟悉后，不断有人在团体约定的时间之外私下见面。这种私下见面把大家每周聚在一起的仪式感冲淡了，大家越来越觉得，只要想见面，随时约见就好，没必要等到固定的时间。于是，团体中不断分裂出小团体，毕竟每个人都可能会更想见到某一些人而对其他人不那么感兴趣。逐渐地，越来越多的人不重视全员约定的时间，仪式感被冲淡后，团体的凝聚力就弱了，每次团体活动都有人请假甚至无故缺席。这也让大家积攒的怨气越来越大，并最终导致团体解散。

而有专业心理咨询师作为带领者的这个小组，虽然同样出现了小组活动外的私下见面，但有了魏蓝天的带领，小组有了天然的凝聚力。魏蓝天让大家感觉到，要遵守团体的规则，所以不论大家如何争吵、怨恨，按时出席的仪式感一直存在。这让团体作为一个整体的边界从来没有被彻底破坏过。楚山川认为这是这个小组能够如此稳定、持续存在的原因。

亲密关系也是如此，它有多个边界，有作为关系整体的边界，也有作为关系中每个人的边界。生活中最常见的婆媳矛盾、"妈宝男"等现象，都是"作为关系整体的边界"被破坏的例子。原生家庭关系侵入亲密关系中造成了亲密关系分崩离析。除此之外，第三者插足等外部情感的侵入，也是"作为关系整体的边界"被破坏的情况。伯恩克等人的研究发现（Buunk & Ybema，2003），那些长久稳定的亲密关系中有一个非常重要的因素是，关系双方都觉得"这段关系很特殊，这个人是特别的，我不能失去他，我们的关系非常出众，没有比这更好的关系了"。这个因素被总结为"认识到的优越感"，就好像说：我们的关系是最好的，不论我们内部如何争吵，作为一个整体的关系是稳固不变的。

为了增强"作为关系整体的边界"，人们常常会问对方"你到底喜欢我哪里？"有时对方会给出一些答案，比如喜欢你长得好看、成绩优秀、能力出色、非常聪明、身材很好，等等，但任何可以用语言描述出来的答案都不足以让人满意。因为总有人长得更好看、成绩更优秀、能力更出色、更聪明、身材更好，于是"我"在"你"心里就缺乏独特性，我们关系的边界似乎就不够稳固。

所以更好的方式不是去问，而是去创造。你可以去问一问对方，这辈子还有哪些想做而没有去做的事情，然后你们一起列一个清单，去尝试100件新鲜的事情。当你们一起经历了足够多的"人生第一次"，一起经历了那些或令人兴奋、开心，或令人恐惧、害怕，或令人感动、悲伤，或令人羞耻、紧张的情感，你们的关系就自然而然地具有了稳固的边界。你会非常确信你们不可能再一次和别人有如此鲜活的体验了。

楚山川在这个小组中的感受也是如此，他和其他小组成员一起经历了许许多多"这辈子我第一次跟人说这件事"的时刻，这个小组的凝聚力建立在这些时刻的基础上，十分稳固。

"作为个人的边界"往往更加隐性，它似乎是一股破坏关系的力量，或者说得轻微一些，它是拉远关系的力量。就像青春期的孩子关上房门不允许父母随意进去一样，在一段亲密关系中，关系的每一方都有想"关门"的时候。有些人"关门"是为了不让对方随意查看自己的手机，有些人"关门"是因为不想跟对方讲自己的工作，有些人"关门"是需要一些独处的时刻……每个人都有那么一些不想向任何人打开的空间，希望在那个空间里只有自己。

托马斯·奥格登（Thomas Ogden）认为，人在刚出生时有一个短暂的发育阶段叫作自闭－毗邻位（autistic-contiguous position）阶段，它早于克莱因发现的偏执－分裂心位（paranoid -schizoid position）阶段。在自闭－毗邻位阶段，人完全封闭在自我内部的世界里，就好像与外界完全隔绝，纯然地与自我在一起。所以，"作为个人的边界"中一定会包含一部分自闭－毗邻位的内容，也就是人们渴望完全独处的心理状态。

要保护"作为个人的边界"，且不被这个边界破坏关系，人们常常通过争吵和发怒，把对方推出自己的世界，从而获得片刻的安宁。但更成熟的方式是，认可对方的同时也认可自己需要一个把对方"关在门外"的空间，在这个基础上，再心平气和地讨论"这扇门"何时开关是双方都比较舒适、能够接受的。

● 莫海：在场

莫海说："当边界建立起来，关系被拉远时，需要另一种力量维系关系，以免彼此的距离越来越远，我觉得这种力量叫'在场的力量'。所以'魏妈'总强调我们小组的成员要按时参加小组活动，要稳定出席。只要人在场，不论发生什么好的坏的事情，都有机会去创造、去修复、去重建关系。"

在莫海唯一的一段亲密关系中，他最不能忍受的就是不论发生什么矛盾，对方的应对办法就是"玩消失"——不回复他的信息，不接听他的电话，他永远无法知道在对方的世界里发生了什么，所有的沟通渠道都被切断，那一刻，这段关系也就断裂了。所以对莫海来说，进入一段关系最重要的底线是，不论发生什么，不要轻易地突然"消失"。

可能有些人会把缺席理解为一种温和的拒绝，但在对方心中，缺席往往是最激烈的攻击。它表达的是："我希望你可以从我的世界里消失！如果你不走，那就我走！"缺席看似隐藏了愤怒和攻击的表达，但它留下的是一个巨大的黑洞。它远比激烈的争吵甚至恶毒的咒骂更具破坏力，因为争吵和咒骂让双方体验的是具体冲突情境下的激烈情绪。无论那种情绪多么激烈，最终都会逐渐趋于平静，然后双方可以好好地探讨刚才发生的事情。而如果一方选择

"消失"，留下的黑洞就变成了无限的想象，两个人会在心中不断上演"心理剧"，想象各种彼此伤害、彼此仇恨的"剧情"。一旦关系留下了缺口，人们必然会用想象去填补它，而想象是无穷的，于是伤害也是无穷的。

要让一段关系变得美好，你可以给爱的表达留下一定的想象空间，而尽可能避免给恨的表达留下想象空间。可惜的是，亲密伴侣们往往会做相反的事情。我们以为"多表达爱和赞美，少表达恨和愤怒"是在维护关系，但事实恰恰相反，爱与恨是人类心中必然存在的对立情感，在每段关系中都必然存在，如果你为某种情感留下了想象空间，它便会被无穷放大。

● **林江河：容纳冲突**

听到这里，林江河忍不住插话说她非常赞同莫海的观点，并接着补充说："所以我觉得，成熟的关系是容纳，特别是容纳冲突。"

当关系中出现的愤怒与恨的情感可以被充分表达时，这段关系的破坏因素就被确认了，因而关系的底线或安全垫就可以被建立起来。这似乎难以理解，但事实上，越能谈论恨的伴侣，关系越稳固。

比昂的思想有助于理解这一点。他将人与人的情感联结抽象为三种：爱、恨与认知。在比昂的语境里，"爱"代表着建设性的力量，是趋向性的，是我想去做什么，我想创造点什么，维护或促进什么的存在；"恨"是破坏性的力量，是我再也不要什么，我想让什么消失、离开或否认什么的存在；而"认知"是指趋向真相、承认真实，而非掩盖真相的存在。

如果你爱一个人，同时又害怕被他拒绝，那么你可能会压抑自己的爱，同时害怕被他冷落；如果你恨一个人，同时又害怕被他报复，那么你可能会压抑自己的恨，同时又会因撤退而感到屈辱。也就是说，你心中有爱的同时也会有压抑的爱；你心中有恨的同时也会有压抑的恨。

如果你承认和接受自己对他人同时具有爱与压抑的爱，或者同时具有恨与压抑的恨，你便是有客观认知；相反，如果你否认或忽视自己对他人同时具有爱与压抑的爱，或者同时具有恨与压抑的恨，你便是没有客观认知。

在比昂看来，成熟关系中最为关键的因素不是爱，也不是压抑的恨，而是有客观认知。

有客观认知，意味着在你们的关系中有越来越多的爱和恨以及被压抑的爱和恨可以被觉察、被表达和被讨论。

林江河说起一次小组活动，"魏妈"让大家写一写"什么不能在小组中表达"，那次活动让大家的客观认知得到了很大的发展，好多人发现，原来自己内心深处有这么多的存在，它们一直在，只是自己不允许它们存在，一直压抑、否认和拒绝它们。

大家认为，在亲密关系中最不被允许存在的是恨，认为双方在一起经历了那么多美好的时刻，不能让恨破坏那些美好。

否认亲密关系中恨的存在，虽然在短期内避免了冲突，让人误以为这种做法促进了关系、保护了关系，但从长期来看，这种否认会让怨气和不满积蓄起来，以关系无法承受的方式爆发，最终破坏亲密关系。

持有客观认知，在短期内可能会激化冲突和矛盾，让人感到危险、不安，但当激动的情绪过后，双方可以通过复盘理解刚才发生了什么，那会是一个促进彼此的理解、加强双方情感的极好机会。所谓"夫妻床头吵架床尾和"，这个"和"，不是简单地恢复到吵架前的关系状态，而是比吵架前更进一步的"和"，是具有客观认知的"和"。

除了"恨"，大家认为在亲密关系中其次不太被允许存在的是"压抑的爱"。很多人难以表达自己的爱意，明明心中很喜欢某个人，却由于害怕被拒绝而作罢；他们认为表达"压抑的爱"是令人羞耻的，因为它代表了一个人的脆弱和胆小。否认"压抑的爱"的存在，这种非客观的认知在短期内保护了个人的自尊，让人在关系中避免受伤、受挫，很可能让你误以为它是保护关系的因素。但从长期来看，压抑的爱会让冷漠、疏离和回避积蓄起来，会让亲密伴侣之间的谈心越来越少，会让双方越来越不了解彼此内心深处的感受，双方活得越来越像"生活合伙人"，像工作关系一般就事论事，抽离了积极的情感。这不一定会摧毁一段关系，但它会降低亲密感，让这段关系无法承载人们对依恋的渴望。拥有客观的认知，承认存在"压抑的爱"，就是承认"我们心中有爱，但由于胆怯、害羞、受挫而撤退"的情感状态，这是人们内心最深的脆弱与渺小，是极其卑微与弱小的，它很难被自己接纳，更不会在关系中告诉对方。从某种角度看，压抑的爱比恨更难以觉察。甚至人们以"冷漠""回避"来自我标榜，认为在关系中这是一种很酷的态度，他们否认从感情中撤退是令人孤独的、脆弱的。

正如比昂所说："真实是促进成长的，而对抗真实会使人在精神上虚弱无力。精神病人或人格的精神病性的部分并不接受这种观点，事实上，他们支持相反的观点，认为谎言是富有营养的，而真实是富有破坏性的。"这正是拥有客观的认知对成熟关系的意义，你越能靠近真实，减少谎言，你们的关系就越稳固、越成熟。而拥有客观的认知需要的是容纳一切冲突因素，容纳恨和压抑的爱。

● **阿强：欣赏**

阿强最后发言，他说在这个小组中，一个非常触动他的地方是彼此的欣赏："有一次'魏妈'让大家谈一谈对这个小组中每一位成员的感觉，说实话，在大家谈论之前，我并不是对每个小组成员都欣赏，可能对其中某些人存在偏见。但那次讨论让我有了更广阔的视角，发现原来每个人都是多维的。比如之前认为某人沉默、内向，自己并不欣赏他这一点，但另一个人看到的是他的沉稳和冷静，我想了想觉得的确如此，这会让我更欣赏他一些。"

在一段成熟的关系中，欣赏也是必不可少的，它并不来自最初的感情冲动，而是来自彼此越来越了解之后，这是一种挖掘和寻宝的过程。现在流行说"宝藏男孩""宝藏女孩"，但大家好像误用了这个词，会很表面地认为某个人很优秀，就是个宝藏。但实际上，宝藏是需要通过挖掘去发现的。

就像摄影师发现美一样，欣赏的力量就是如此，它并非无中生有，而是在互动中去发现原本存在的美好。研究发现，每天下班回家后问伴侣"今天你过得好吗"，这样一个简单的问题就可以有效增进伴侣之间的亲密感。我想这就是一种挖掘，去了解对方、发现对方日常生活中的喜怒哀乐，看到对方真实的样子并对此由衷地欣赏。

● **魏蓝天：倾听、见证、陪伴**

小组活动的最后 10 分钟，大家都期待"魏妈"说说他的感受。魏蓝天在黑板上写下了三个词：倾听、见证、陪伴。他觉得，这是每个人在小组中最重要的存在意义。

　　小组的每一位成员都可以在头脑中形成任何一位成员的形象，不只是外在形象，更是内在的形象——你已经把对方装进心里了。这种联结离不开一次次的会面，在那么多时间里，大家倾听了彼此的故事，见证了彼此的成长与变化，并一起经历了那么多喜怒哀乐，这就是关系中最重要的事。

关系的内化：安全基地

经常会有来访者向我反馈说：再遇到困扰时，他们会想"如果曾老师在这里，他会对我说什么"。这种现象叫作"内摄"，他们把我的形象装进了自己心里，遭遇挑战时，可以不用在真实世界里找到我，只要调用他们心里的我就可以安抚自己。

"内摄"现象在儿童早期便能观察到，比如 3 ~ 5 岁的孩子在幼儿园里和同伴发生冲突时，常常会脱口而出"我妈妈说……"。在这一年龄段，儿童的自我还不够稳固，还未发展出足够的力量说出"我认为"，所以要找到一个在他们心目中强大的客体支撑他们的自我力量。在成长过程中，他们会逐渐形成自我的力量，可以对很多事情形成自己的主张。但是，依恋他人是伴随人们一生的需求。在这个过程中，我们会"内摄"很多客体形象。你可能会记得小学或中学的某位老师如何对待你，和你说过哪些让你印象深刻的话；你可能会记得初恋对象在某个浪漫时刻说的打动你心扉的话；你或许记得毕业时导师给你的寄语；你会记得，在工作中，你很欣赏的领导不经意间对你的评价。这些记忆片段是与之相应的客体形象的一部分，你记住了那些和你相关的人眼中某一面的你。但因为这些都是片段，这些人也只陪伴你一段人生岁月，看到一部分的你，所以即使你很信任他们，也不会时常想起"如果某某在这里，他会对我说什么"。

这种需求会持续存在，当人们遭遇挑战、遇到困难，有一种念头会不时地冒出来："我好想听听他的意见啊。"这个"他"就是你心里最重要的那个客体，他是你内心的"安全基地"，就像3岁的儿童会说出"我妈妈说"那样，你心中那个"妈妈"的位置，或许不再是妈妈，而是你最亲密的另一个人。不论你遇到的挑战或困难是什么，不论你觉得对方懂不懂，你都想告诉对方，听一听对方怎么想、怎么说。

这就是关系的内化，你把另一个人"内摄"进你心中依恋的核心位置。那么你什么时候能发现自己把对方装进了这个位置呢？答案是当你的情绪被唤起，你会脱口而出对方的名字时。我每年春节会回妈妈家和她相处一两周，两代人的生活习惯很不相同，不免发生一些冲突。妈妈早上6点钟在客厅"乒乒乓乓"地打扫卫生，吵得我无法睡懒觉，让我烦躁又生气，脱口喊出妻子的名字，待清醒过来我才发现，自己是在妈妈家里，而她正捂着嘴笑话我的口误。这时我意识到妻子占据了我心中依恋的核心位置：总想把所有的欢乐、趣事分享给对方，把所有的烦躁、不安向对方诉说，而所有的不满、怨气也会指向对方。

当一个人拥有了一个稳固的依恋对象，他就拥有了一个"安全基地"。埃里克森的发展理论也告诉我们，在成年早期（18 ~ 35岁），关系发展的核心任务是形成亲密感，如果这项任务发展不良，人们会陷入孤独。完成这项任务，就是完成从相识到亲密的全过程。你在这个过程中可能会面临重重挑战，而当你真正走过之后，你会发现它是如此稀松平常，却又如此深入人心。

依恋理论认为，人类的所有行为总结起来有两个方向，一个方向是寻求依恋，另一个方向是探索世界，这两个方向是相反的，前者是向内寻找关系，后者是向外了解世界。寻求依恋就是寻求一个安全的关系，在这个安全的关系中，人们会发展出一个重要的能力，叫"心智化"。所谓"心智化"，其实是一种在内心准确识别和理解他人的想法、意图、观念和情感的能力。

有一个经典的"心智化"实验，描述了"心智化"尚未形成的4岁儿童和拥有了"心智化"的6岁儿童有什么不同。实验者让被试观看一个小漫画，漫画中有两个小女孩——糖糖和湾湾，她们所在房间的桌子上有一块巧克力，后来湾湾离开了这个房间，糖糖把巧克力藏进了桌子的抽屉里。过了一会儿，湾湾回来了，如果她想吃巧克力，她会去哪里找巧克力呢？

实验中，4岁的儿童普遍回答去抽屉里找巧克力；而6岁的儿童大多会回答去桌子上找。这就是有无"心智化"的区别！拥有"心智化"的6岁儿童能够进入他人的视角看到离开这个房间的湾湾并不知道巧克力被拿走，而缺乏"心智化"的4岁儿童会依然处于自己的主观视角（他拥有整个故事的"上帝视角"），他知道巧克力在哪儿，就天然地以为故事中的每个角色都该知道这件事！

　　这个实验似乎简单，任何一个智力健全的成年人都不会回答错，但在人际交往过程中，并非每个人都拥有良好的"心智化"。我们确实经常会用自己的主观视角去推测他人，从而歪曲一些事情，显示出"心智化"能力的缺乏。比如那些过度自卑的人总觉得自己能力很差，什么事情都做不好，当他们在职场中和人交往时，总觉得别人在批评他。有时他并没有做错什么，甚至客观上表现得还不错，但他会感觉好像某天领导看他的眼神不对劲儿。他并不知道，那天领导只是眼睛有些不适，并非对他有什么意见。你看，这就是一种"心智化"缺乏的表现，他误解了领导的意图。

　　在人际交往中，准确地识别他人的意图并不是那么容易的事情，因为人与人之间的情绪传递往往是十分微妙的，语气、语调、语速、表情、神态、姿势、手势、动作，往往比说话的内容信息量更大，传达出更丰富的情绪情感。所以对他人意图的误解是时常发生的。拥有了"心智化"并不是拥有了"读心术"，总能准确读取他人的内心所想，而是说对他人意图的感知是基本安全的，是具有弹性的，不会很偏执地觉得别人就是在讨厌你，而是在发觉别人传递负面信号时会勇敢地去弄清到底是哪个环节出了问题，在沟通中逐步确认真相是什么。"心智化"不良的人往往具有一种偏执的心态，会很刻板地觉得"那个眼神就是鄙视，他就是在讨厌我"。

所以说拥有一个安全的依恋关系，可以促进"心智化"，因为在这个安全的关系中，你们可以彼此去确认和澄清沟通中发生的每一次微妙互动的具体内容究竟是什么。这个过程就是促进"心智化"的过程。你会把基于这段关系的沟通模式，推广到你的所有关系中去。于是，一段安全的依恋关系就成为你的"内部工作模式"，它是一种机制，帮助你理解自己和外部世界的关系，让你向外部世界的探索走得更稳健、更勇敢。

关系的外化：成就与收获

依恋理论认为，人类行为的第二个方向是探索世界。当你拥有了一个"安全基地"时，你会更有勇气去探索这个世界。

观察儿童早期的发展会发现，他们在8个月到2~3岁期间会变得"认生"，其实这是儿童的社会性发展进入了一个"羞怯期"，最典型的表现就是，他们只让妈妈抱，不让任何其他人抱，一旦离开妈妈的怀抱就开始大哭或极其不安定。"认生"的程度因人而异，有些孩子被陌生人抱起来时，尽管会害羞、退缩，但只要看到妈妈在这个房间里，就不会情绪崩溃；但有些孩子完全是一副"生人勿近"的姿态，只要被妈妈以外的其他人碰一下，就会哇的一声大哭起来，陷入情绪崩溃。有些孩子除了让妈妈抱，也可以被爸爸、爷爷奶奶或其他熟悉的人抱，只有对完全不认识的陌生人才"认生"；而有些孩子只让妈妈抱，连爸爸都抱不得。在"羞怯期"，这些个体差异其实反映了孩子内心的"安全基地"是否稳固。这往往源于孩子在0~8个月大时和妈妈的关系是否稳定。有些孩子在0~8个月的早期养育中频繁换保姆，母亲早出晚归，时常不在场；有些孩子由于妈妈产后身心健康出现状况（比如产后抑郁或身体恢复不佳）而无法得到稳定、充满关爱的母乳喂养……这些原因造成了儿童的依恋系统出现不安稳、不确定的状况，儿童没有在内心建立起"安全基地"，这样，当他们在需要发展社会性，开始接触妈妈以外的他人时，便开始退缩、感到羞怯。

这种羞怯和退缩会阻碍孩子向外探索世界。

一位 24 岁的女性来访者回忆起自己的小学生涯时告诉我，在小学低年级，她的记忆很模糊，唯一记得的事情是，她有且仅有一位好朋友，而且她非常依赖对方。她们几乎形影不离，每天上学、放学、课间活动，都会一直待在一起。有一次，对方请假没有去上学，这让她惊慌失措，一整天都过得浑浑噩噩。这就是"羞怯期"未良好过渡，延续到后续发展的表现，会让人过度依赖某个人或某件事，总想把它牢牢抓住，就像在"羞怯期"时牢牢抓住妈妈一样。当你完全抓住一个人、一件事时，更广阔的环境就被你完全忽视了，你不敢去看别人、看整个班级、整个年级、整个学校。你每天按部就班，盯着熟悉的路线，找熟悉的一两个人谈话，失去了和更多人、更多事物接触的机会。

相反，当你拥有一个稳定的"安全基地"时，"羞怯期"是不明显的，2 ~ 3 岁时的你或许就已经是小区的"明星"小孩了，周围的叔叔阿姨都喜欢逗你玩，你也丝毫不害羞、不害怕，很享受向陌生人展示自己。这种勇敢、冒险的精神，源于你心底有一个稳固的基础——你相信爱你的妈妈始终坚定地站在你背后，支持着你。当你逐渐长大，这种感觉会被内化、抽象化，你并不需要父母真的在场，他们的支持已在你心底形成了充实、稳固、坚定的感觉——无论我漂泊多远，在这个世界上，我始终有一个家可以随时回去。

稳固的亲密关系，就是人生的旅途中由你创造的新的"安全基地"。就像游戏里的大本营，你在外面"打怪升级"，在遭遇不测时总能在大本营"复活"，当你受到了伤害，只要按下"回城"，你就可以回到大本营，满血复活、重新踏上旅程。所以，好的关系就是"回血"的地方，不论在外披荆斩棘多么凶险，只要回到那里，你就可以逐渐恢复能量，变得更勇敢和坚韧，可以探索这个世界更多未知的广阔领域。

一位经历了失败婚姻的 33 岁来访者说，在离婚的前两年时间里，她活得很孤独，尽管十分渴望关系，希望有人可以依赖，但她并不敢去接触陌生人，过去的伤害依然如阴霾笼罩在她心头。经过两年每周一次的咨询，她逐渐开始和陌生人约会了。刚开始，她只是在见咨询师的前一天才敢和陌生人约会，还会在第二天向咨询师讲述自己约会的体验，她好像把心理咨询当作一个"安全基地"。围绕咨询关系这个"地基"，她开始逐渐在上面搭建什么，慢慢地，这个"地基"越来越稳固，她可以不用每周向咨询师"汇报"这周的约会，甚至可以独自承受失败的约会了。经过一年持续与不同的陌生人约会后，有一次她向咨询师宣称自己找到了那个"对的人"。一段新的关系在"地基"之上逐渐搭建起来，她感觉自己的生活稳固了下来。她说，在过去的三年里，生活就像是一个缺了一条腿儿的桌子，摇摇欲坠，而这段新的关系，就像是重新给它装上了桌腿儿，让它归于平稳了。她感觉自己又充满了活力，又可以开始去探索曾经失去兴趣的事了，就像往桌子上摆放物品一样，她相信自己的生活可以承载一些新的挑战和事情了。几年后，她获得了去海外读研究生的机会，她遵循自己内心的声音，对职业方向做出了一些小的调整，做自己觉得有价值的、喜欢的事情。这是她的成就与收获。

感受亲密
在关系中获得幸福的艺术

第六章

分离与告别期

关系的结束：是剧终，还是事故

魏蓝天的人际关系成长小组已经运行了6年，大家不约而同地觉得是时候结束它了。这种感觉是自然而然的，不带愤怒、怨恨与破坏的情绪，而是一种由衷的赞叹：足够了，是时候了。

魏蓝天邀请大家把曾经来过这个小组的人和现在留下的人的名字都写下来。经过大家的努力回忆，一共写下了12个人的名字。其中有6人中途退出，2人中途加入，只有李梦、阿强、林江河和楚山川4人是从小组成立以来始终都在的。

大家一起回忆那6位离开的成员，不禁感叹，他们当初的离开或多或少带有遗憾，就像是情侣分手、夫妻离婚一般，带着怨恨、不满或失望离开了这里。而剩下的6位成员也将面临彼此分离，就像是一段关系走到了尽头，剧终了。这两件事给人带来的感觉既相似，又十分不同。

同样，亲密关系的结束给人带来的感觉也各不相同。离婚、分手与丧偶给人带来的痛苦，有相似的地方，也有完全不同的地方。但它们都需要你在心中和这段关系认真地告别。那么怎样才算"认真地告别"呢?

在大家开始思考这个问题时,魏蓝天先发言说:"怎样才算'认真地告别',当我们问出这个问题时,似乎蕴含了大家美好的期许,以为只要自己'认真地告别'了,分离便不再那么痛苦、悲伤和难过了。但事实上并非如此,每一次告别都会不可避免地蕴含分离、失去、痛苦,甚至是无法挽回。所以'认真地告别'不是'不悲伤、不痛苦地告别',而是用一种有意义的方式与亲密关系告别。

梁实秋在散文《送行》中有一句大家耳熟能详的话,这句话出自他的朋友之口:"你走,我不送你,你来,无论多大风多大雨,我要去接你。"这句话体现了人们不愿告别的心态,仿佛只要不说"再见"就不会感到一切都结束了,或者就不会伤感,分离就更像是"一会儿见"。当然,我们都知道,这是自欺欺人,总有一些"后会有期"实际上是"后会无期"。所以,告别似乎是有意义的。

很少有人认可告别的意义。在心理咨询工作中,总会有一些来访者不告而别,如果我邀请他们再来两次,让我们可以一起回顾过去、展望未来并有一次告别,仅有少数来访者是愿意回来的,大多数人不明白告别有什么意义。

其实,学会如何认真地告别是每个人一生都需要面对的课题。

"认真地告别"让人们和过去的情感牵绊在心理上分离或者说拉开心理距离。有时候,永远的失去或彻底分离是很难的,但如果能拉开一定的心理距离，以第三人称去阅读和回忆，分离便能够成为一个有价值和意义的故事。

最令人印象深刻的"认真地告别"莫过于电影《情书》中，女主角渡边博子在雪山前的那场简单的告白。渡边博子的未婚夫藤井树三年前在一场雪崩事故中丧命，渡边博子在三年间不断给未婚夫生前的地址寄信，希望在天国的爱人能够收到自己的问候。直到三年后，她在一直追求自己的好友秋叶茂的陪伴下，再次来到事故发生的山脚下。秋叶茂说："就是那座山。看清楚了，藤井树就在那里。"渡边博子一路奔跑到雪地中央，对着延绵的山峦高喊："你好吗？我很好。"这声呼喊令人动容，那是极其真诚、勇敢的告别，它意味着渡边博子真的放下了遗憾，告诉对方"我很好"。她开始考虑秋叶茂对自己的追求，重新开始自己的生活，而不再给藤井树寄信，不再活在过去的关系中。

从这个层面来看，"再见"不是说给别人听的，而是说给自己听的。任何牵动自己的分离，都需要我们去说一句"再见"，若是这分离不可挽回，便说一句"后会无期"。创伤心理学家特德斯奇（Tedeschi）和卡尔霍恩（Calhoun）发现，人们在面对重大创伤之后，常常会在一个阶段不相信自己会经历如此糟糕的事情，他们会不停地发问："为什么遭遇这一切的人是我？上天为何让我遭此不幸？"这种心理状态叫作否认。面临分离，我们也常常会否认，因为我们都不愿面对分离，好像否认它，就可以装作它没有发生。但是，现实总会打败我们的幻想，分离就是真实存在的。不告而别或认真地告别都是一种选择，只有时刻意识到并勇于面对"分离的可能性"，人们才能学会珍惜当下。遗憾的是，人们常常只有在经历分离的创伤之后，才能意识到这一点。

但这也正是告别的意义：珍惜当下的生活，对生命中重要的事情进行重新排序，优先完成更重要或更有价值的事情。

留到最后的小组成员都表示，这 6 年的相聚让他们意识到，认真倾听他人、尝试理解他人，并被他人所理解，是关系中非常珍贵的时刻，这也让关系变得宝贵。他们会更珍惜那些认真倾听自己的人。

剧终：自然的哀悼

"无论你做了多么伟大的计划，真的到了那一刻，好像怎么样都是意犹未尽的。"当林江河吹灭蜡烛，给大家切蛋糕（这是她为小组 6 岁 "生日"准备的，也是和大家告别的祝福）时，她边说边流泪，随后将脸埋进手掌中。李梦拍了拍她的背，轻轻地和她说（也是和所有人说）："是啊，不舍得大家。希望这样的聚会可以一直持续下去。"

这就是分离的现实，不论你做了多少应对计划和心理准备，当它真的发生时，你依然会不舍和难过，不希望这一切就这样结束，希望大家还能相见。所以很多主动提出分手、离婚的人，在真的分开后也会很难过。因为无论关系破裂的双方谁主动谁被动，分开必然是彼此撕裂的，双方都会感到仿佛自我的一部分被挖走，会感到撕裂的痛和内心的某一部分空了。

面对这样的分开，可能存在两种截然相反的态度。一种人会拼命躁动，希望通过这样那样的行为去挽回和保留什么，或者通过沉迷什么让自己麻木，以此逃避现实，减轻痛苦；另一种人会保持冷漠，拒绝承认关系破裂的发生，或降低这件事的重要性，让自己不在意这场分离。这两种截然相反的态度有其共同的目标，即减少痛苦。

那些拼命躁动的人，有一些可能会求助情感专家，看看关系是否还有挽回的余地，一旦情感专家说有希望，他们就像抓住了救命稻草一般，不管花多少代价都要去试一试；另一些会沉溺于一些成瘾行为，比如酗酒、暴食、疯狂工作、疯狂社交等，让自己被躯体的感受充满，这样心灵就没有空间去感受痛苦了。

那些保持冷漠的人，会照常工作、学习和生活，努力让自己看起来和亲密关系破裂之前一样。但他们憋住的悲伤和痛苦可能会在夜深人静时爆发出来，以一种冷漠的状态流露，比如止不住地流泪。

有些策略或许可以暂时减轻痛苦，但并不能真正化解痛苦，真正可以消除痛苦的方式，是自然的哀悼。也就是接受现实，在心中允许失去的发生，并体会由此而来的所有情绪。很多人会问"分手后怎样才能走出来"，其实答案就是"时间"。不过这个答案肯定是不够的，因为人们不只是想知道怎样才能走出来，还想知道"可以做点什么让我不那么难熬"，有这样的办法吗？有的。

第一，你可以养成一些习惯。比如，在魏蓝天的人际关系成长小组解散时，"魏妈"建议大家把以往小组活动的这个时间段（每周六晚上7~9点）保留下来，不要急于安排其他事情，让这个时间段依然属于自己。每到周六晚上7点，自己待在一个安全封闭的空间里，就像一直以来待在小组活动室里一样，可以听一些音乐、做一会儿冥想，和自己进行情感联结。相反，如果急于用这个时间约朋友出去吃饭、看电影或喝酒，就有点像分手后立即和他人约会一样，是在有意填满这个空缺。不妨让空缺就这样空着，去体会挖空的部分带给你的哀伤、思念或其他情感，这是最好的告别。

很多人在亲密关系破裂后想尽快走出关系，他们会立即扔掉对方的东西，把所有和过去相联系的元素从生活里去掉，改变习惯、改变家里的布置，甚至换掉工作、去往另一个城市，用各种方式填满自己的生活。这些做法看似很快地把对方的痕迹从自己的生活中抹去了，但如果太急于这样做，就会严重压抑他们内心中想挽留、很不舍的那部分情感。因为害怕"走不出来"，人们很容易做极端相反的事情——尽快扫除对方的痕迹。这其实是自欺欺人，人不可能迅速分离，人心都是肉长的，分割掉一部分，那个疼痛的感觉得慢慢来缓解。给自己一些耐心，允许自己留念、思念，允许自己保留一些什么。

第二，你可以设置一些边界，让留念的感觉停在边界之内。就像"魏妈"建议的那样，你可以保留每周六晚上7~9点这两小时作为怀念小组的时间，其他时间回到正常的生活中。

施特勒贝（Stroebe，2005）提出了一个哀伤的双过程模型，对这一点颇有启示。这个模型告诉人们，如果一个人失去了重要的客体，当他面对哀伤的感觉时，他的生活可能是左右摇摆的，有时候"向左"摆向"丧失导向"的情绪，例如，感觉十分悲伤、难过、痛苦，内心充满破坏欲，想自暴自弃，不想工作、不想出门社交、不想好好生活，严重时甚至想自我了结，即使有一些积极的事情发生，也往往否认它的存在或意义；有时候"向右"摆向"恢复导向"的情绪，例如开始专注于生活的转变，重新布置家具、重新开始找工作、建立新的关系等，做一些新的事情，从悲伤中分神、感觉自己有力量，或者开始认可自己的新角色、新身份或新的关系。

这个左右摆荡的过程会持续很长一段时间，非常消耗人的耐心，容易让人绝望，因为一次次地摆向"丧失导向"时，你可能会想"这种坏情绪又来了，我可能永远走不出这种伤痛了"。你需要意识到这个过程是正常的，你只是需要给自己时间和空间去体会"丧失"，这非常重要。

所以，要设置一些边界，比如空间的边界，你拥有一个小房间，每当你感到哀伤，就在那里独自哭一哭；比如时间的边界，你可以每天晚上花 2 小时去体会思念、哀伤与痛苦；比如承载介质的边界，你可以在电脑里建一个文件夹，或者买一个专用的笔记本电脑，用于存储和记录关于"失去的关系"的所有内容，同时把存储介质之外的痕迹全都清理掉。这样，你既允许自己"向左"摆向"丧失导向"的情绪，又控制了它，不让它蔓延到你生活的方方面面，不让它彻底毁掉你的生活节奏。

第三，你可以不停地确认自己的情绪，讲述过往的故事。亲密关系断裂后，刚开始你可能只是感觉很茫然，不明白怎么突然就分手了、离婚了或丧偶了，随后，你可能会有更强烈的情绪反应。在情绪上，你可能感到悲伤、痛苦、愤怒、内疚、后悔、遗憾等；在认知上，你可能会否认这一切，不相信事情的发生，或者开始自责，反复去想事情的发生过程，不停地在内心重现关系最后的情景，或复盘事情究竟是如何走到这一步的；在行为上，你可能开始退缩、回避，不敢做曾经和对方一起做的事，不敢去和对方一起去过的地方；你可能还会有一些生理反应，失眠、做噩梦、食欲不振或暴饮暴食等。

这些反应可能会吓到你，让你担心自己是不是病了。其实在分离发生后的最初一两个月里，有这样的反应是正常的，你可以尝试去记录自己的情绪、想法、行为和身体反应，觉察自己的身心状况是如何变化的。通常，你会发现这些身心变化是逐渐趋于缓和的，那些激烈的情绪、消极想法和无法控制的行为越来越少。这会给你信心，让你确认"太阳会照常升起"，而自己也不会被毁掉。

经过最艰难的头两个月后，你的哀伤与痛苦会慢慢地变成一种

感受亲密
在关系中获得幸福的艺术

时而激烈、时而平淡的情感融入你的生活。此时，你可以尝试根据自己的感觉去回忆过去，想一想过往的事，并将它向朋友讲述，向亲人讲述，最重要的是向自己讲述。如果事情在大脑中是模糊的幻想和扑朔迷离的感觉，就容易被渲染成极端的情感，对身心造成破坏，而一旦将事情讲述出来，它就被确定下来。不论是痛苦、脆弱，还是怨恨、愤怒，这些情绪在故事里被表达出来，就变得具体，就不会被演绎成具有破坏力的极端情感。通过在一次次讲述中具化每一刻的感受，你会发现你对情绪的容纳能力也在增强，你会感到自己的力量在增长。

第四，你可以适时地寻求专业人士的帮助。临床研究表明：15% ~ 50% 的人哀伤反应能在 1 年内自行缓解，85% 的人哀伤反应能在 2 年内缓解，约有 15% 的人哀伤反应会发展成延长的哀伤反应（Bonanno & Kaltman, 2001）。也就是说，大多数人能用 1 ~ 2 年的时间自行走出哀伤；而有些人始终难以依靠自己的力量走出来。如果不进行积极干预，这种持续存在的哀伤会给人带来持久的伤害（Prigerson et al., 2008）。所以，如果事情已经过去很久而你一直陷入过去的阴影中难以自拔，去寻求心理咨询师的帮助不失为一个好的选择。

事故：分裂的爱与恨

在魏蓝天的人际关系成长小组中，中途离开的 6 位成员给这个团体留下的感觉是非常复杂的。他们离开的情形可以分为三类，分别代表三类关系破裂的形式。

● 剥夺：被破坏的"被爱"的能力

第一类是和小组爆发了冲突，在愤怒和怨恨中离开。这就像在关系中由于不断发生冲突，情感破裂而分开。这样的关系破裂，就像一次劈头盖脸的否定，会给双方都带来巨大的冲击。在冲突发生时你会愤怒，和对方争执不下，但真正与对方分开后，你会不可避免地自我怀疑，担心是不是自己哪里有问题，甚至质疑自己以后能否建立好的关系。

每个人都带着对婚姻与生活的美好期待开启一段亲密关系，虽然有时候你或许说不清楚自己想要什么。进入一段关系时，即使起初只抱着"游戏人生"的心态，但随着感情的进展，也会逐渐发现自己对这段关系有这样那样的期待，希望它可以满足自己的某些需求，当求而不得时，矛盾与冲突就会不可避免地随之而来。大多数人的分手、离婚都有类似的情况，在结束一段关系时感到失望、怨恨与愤怒。

亲密关系中的期待和需求，往往是内心"儿童自我"的需求，就像第二章中提到的那样，当你和一个人关系逐渐升温，你们会退行到儿童一般的心情里，互相称呼对方"宝宝"，表达中叠词明显增加，这背后都是孩童般的喜悦之情。这种期待本质上联结的是人们渴望被他人照顾的需要。

回顾自己的儿时生活，当你对父母或其他长辈有所要求，比如想让他们给你买玩具时，如果愿望被满足，你是多么的兴奋与喜悦，而如果你的要求被拒绝，你又是多么失落、沮丧和气愤，可能一整天都闷闷不乐、不好好吃饭，用消极态度来表达你的不满。如果对方对情绪不敏锐，完全没意识到你因为被拒绝买玩具而闷闷不乐，认为你在调皮捣蛋，故意不好好吃饭，很可能会严厉地批评你，甚至斥责你，从而加剧了你的沮丧，让你更加气愤、失望和痛苦。这些细微的情绪过程，会一模一样地出现在你成年后亲密关系的互动中。

你期待对方会记得你们恋爱100天这个有纪念意义的日子，用心准备一场惊喜，可对方完全忘记了这一天的含义，像平时一样度过。这让你感到失落、沮丧和气愤，就像小时候被拒绝买玩具时那样。

这种被拒绝和被忽视的体验日积月累，可能让人产生两种不同的应对方式。一种应对方式是你开始调整自己，不再期待那么多，告诫自己"生活就是这样""恋爱就是这样""换个对象说不定比他还差呢"。于是，你重新恢复平衡。但过去那些被拒绝和被忽视带来的委屈感依然潜藏在你内心深处，它们就像"定时炸弹"，当对方稍稍"出格"，再次做出一些令你失望的事情时，这些过往的委屈就被调动起来，瞬间爆发出来，激起你们巨大的冲突和矛盾。

另一种应对方式是你尝试改变对方，不停地表达你的情绪，希望对方为你做出这样那样的改变——要记得纪念日，要准备惊喜，要重视仪式感，等等。久而久之你觉得好累，好像你在拖着对方往前走，而对方似乎也展现出"被动废"的姿态，他会反抗你的期待，并告诉你"原本我想准备点什么，但你一说，我就不想干了，因为反正我干成什么样你都不会感到惊喜，甚至还会嫌弃我做得不够好，那我还做它干什么呢"。于是关系在这种要求与对抗中逐渐耗竭。

当你因为失望、气愤和委屈而决定结束一段关系时，会释放出两种巨大的情感。一种情感指向外界，你会怨恨对方不能满足你的需要，让你感到失望。有时候你对对方只有很小的期待，比如希望他给垃圾筒套个垃圾袋，但对方就是做不到，每天一回家就躺进沙发里，对一切家务活视而不见。你可能会把由此而来的失望和怨恨投射到整个外部世界，不自觉地形成"男人都是这样"之类的信念。你会带着过往的经验去认识这个世界和其他人，你的失望和怨恨也变得越来越强烈和泛化，演化成诸如"这是个糟糕的世界""全天下的男人都一样""没有一个男人不自私"等观点，让你开始退缩到自己的世界，不想再寻找亲密关系。

另一种情感指向内在，你会开始自我怀疑：为什么对方不能满足我的需要，是我出了什么问题吗？你开始改变自己，你努力节食、健身，想解决自己身材不够好的问题；你努力工作，疯狂加班，想消除自己工作不够好的可能性；你参加一些兴趣班，想让自己变得有趣。但你感觉很难坚持，因为"我不够好"的想法就像一种"能量抽取器"，不断消耗你的力量。所谓内耗就是如此，你一边努力改变，一边告诉自己"我不行"，每次改变都变成了"我不行"的证明，让你痛苦。

你可能会逐渐发现，不论是向内释放，还是向外释放，起初都会有一定的效果，让你感觉好起来，但慢慢地又都会遇到瓶颈。因为外界总有不遂人愿、无法满足自己的时候，而自我的能量也是有限的，你无法真正达到令自己满意的状态。

真正好起来，是开始接纳它。那些不被满足的感觉，发生在儿时某个给你留下深刻记忆的暑假，发生在过去和家长激烈的斗争和冲突里，你没办法像穿越剧演的那样回到过去那个时刻，改变事情的走向，让儿时的自己得到满足。不过，现在的你不再是小孩，你可以在内心拥抱那个曾经被拒绝和被忽视的幼小的自己，成为自己的"父母"。

这样，你就可以不再向外寻求他人的认可，也不再向内攻击，不再认为是自己的原因导致自己被这样对待。

你能做一个"好父母"，去满足自己内心真实的需求。想要什么东西就给自己买，想去吃什么就去吃，想学什么技能就去学，不等待谁给你支持和认可，也不要求自己非得达成什么条件才可以去"放纵"。

当你做到了这些，你就会发现自己很确信自己已经从过去那段令人失望、愤怒的亲密关系中真正走了出来，你拥有了爱的能力，也拥有了接受爱的能力。

● 分裂：将爱和恨放在不同客体身上

魏蓝天的人际关系成长小组中第二类中途离开的人，是因为他们身边的人参加了另一个团体，他们感觉那个团体更好。这就像在关系中由于一方的背叛和出轨导致关系破裂而分开。

有些人之所以选择出轨，而不是断绝当下的关系后再开启一段新的亲密关系，其背后是一种情感分裂。这些人把最深的依恋和基本的安全感放在原有的亲密关系中，又发现自己内心总有一部分需求和渴望在这段关系中无法被满足，于是向原有亲密关系之外去寻找这部分需求的满足和渴望的被爱。

很多人可能都会用类似的方式应对失望。回顾你的中学时代，如果你有 2 个以上的朋友圈，你一定能懂这种感觉。在 A 圈子里，你和他们谈论学习、谈论作业；在 B 圈子里，你和他们谈论吃喝玩乐；在 C 圈子里，你和他们谈论感情，分享彼此隐秘的情绪和微妙的心情。你之所以要这么做，是因为通过长期的交往，你发现 A 圈子的同学只关心学习，根本不关心你在暗恋谁，被谁表白了；B 圈子的同学听不懂你讲的那些感情，只想着吃喝玩乐；而 C 圈子里的同学根本不在乎学业，只对偶像剧感兴趣，活在幻想的甜蜜泡泡里。但是对你来说，学业、休闲和感情都很重要，每一部分都需要有人陪伴和分享，于是你的情感分裂开来，你开始穿梭在不同的人群中。

这么做有两个坏处。第一，你很容易用"工具化"的态度对待你的朋友。因为没有人可以完整地接住你所有的需求和情感，你在有特定需要时去找特定群体的朋友，就会换着"面具"去见不同的群体。当你需要从被割裂的情感中抽取某一部分时，你会变得像使用工具一样使用朋友——空虚无聊时使用那些有趣的朋友，需要实际帮助时使用那些有能力、有主意的朋友，需要情绪安抚时使用那些共情能力强的朋友。这会让你很难完整地与某个人产生深刻的联结。

第二，当你有"工具化"他人的习惯时，你会用"以己推人"的方式去理解你的关系，认为别人也会"工具化"自己。于是你会习惯性地自我工具化，思虑自己能否为他人提供价值，如果认为自己缺少价值，你会感到焦虑、害怕；如果发现自己具有某种价值，你会不停地使用它，用它博取他人的好感。这种"自我物化"会把你和他人的关系推到相互利用的状态，缺少真实的联结。

当这种情感分裂出现在亲密关系中，就会导致出轨。你的大部分情感需求在亲密关系中得到了满足，可你发现自己依然有一部分情感始终被对方忽视、否定、贬低，或者以更隐晦的方式无法满足，于是，你开始把那部分情感投向你们的关系之外去寻找满足感。

其实，没有任何一段关系可以满足人的所有需要，每个人都必然会把一些情感投注到外部世界去，可以是工作中的关系、朋友关系、同学关系等，这些关系填补了亲密关系留下的空缺。但如果亲密关系中空缺的部分包含亲密的需求、性的需求和被照顾的需求，情感分裂的形式就会是人们普遍理解的出轨了。

你可以问问自己，你对出轨是什么看法？你觉得它对感情最大的破坏是什么？我自己的回答是：出轨最大的破坏是让亲密关系的双方感受到这段感情中存在"工具化"的迹象，让一个人的尊严和价值被贬低。你会看到出轨的一方在使用情感分裂的方式对待你，在他眼里，你不再是一个完整的客体，你的一部分对他重要，另一部分被他"丢弃"。

这种模式其实很普遍，即使在没有世俗意义出轨的关系中也存在。人作为某一部分的价值被尊重、被需要，作为其他部分的价值被忽视、被丢弃。这样的关系在本质上和出轨是相似的，作为一个完整的人，双方的个人尊严和价值都被贬低了。我或许很难展开讨论它，这背后是更加宏大的社会存在，是文化、文明对人的规训，我想我还没有资格去议论和充分讨论这个命题。

但意识到这一点是重要的，这个世界上任何一个人都可能将你的一部分"丢弃"，但你自己，也唯独你自己，永远不要"丢弃"自己的任何一部分。这是你将分裂的情感从内在整合起来、重新拼接起来的唯一途径。

● 和平分手：是哀悼、是重生

魏蓝天的人际关系成长小组中有一个规定，如果某位小组成员想离开，需要提前告知大家，并继续参加 4 次（也就是一个月）小组活动。前两类成员都无法遵守这个约定，他们要么在产生冲突后匆匆离开，要么迫不及待地加入另一个团体，断然把这边抛下。

而第三类中途离开的成员是可以遵守这个约定的，他们感觉小组无法满足自己的需要和期待，但依然继续参加了 4 次小组活动，在和小组充分讨论之后，确定小组提供的和他们期待的不匹配，在失望也是在祝福中离开这里。这就像在关系中，一方或双方的需求得不到满足，不论如何争执、讨论、索取和努力付出，都无法从另一半那里获得自己渴望的东西，于是在相互祝福中道别。

接受"分手是缘"并不是一件容易的事情，它需要你心灵的容器可以容纳一些遗憾。这份遗憾是一份永久遗憾，意味着你承认此生有些愿望、幻想和需要无法从眼前这个人身上实现。这是一件令人哀伤的事情，有些故事就此结束，永远不再有其他可能性，就像你曾经生活的故乡，你儿时的玩伴，你童年的时光，所有那些过去的日子再也无法回来一样。那就哀悼它、接受它吧。

同时也要意识到，你不必完全删掉它。这段故事对你来说也是一份礼物，它留下了一些回忆，带给你一些启示，让你更加清楚你对亲密关系的需要，以及你在和他人亲密相处时的认知、情感与行为模式。这段不合适的感情教会你一些东西，让你更加了解自己需要什么，无法接受什么，能够接受什么。

这个过程或许会持续很久，直到再次遇到相似的情况，久远的记忆被唤起，让你想起过去的经历。当你发现此情此景你可以做出完全不同的选择时，你就可以知道自己已经完成了对上一段亲密关系的哀悼。

进阶篇

关系的本质

第七章

关系模式：寻找你内心的关系剧本

关系总是求仁得仁

韩梅梅是一位 33 岁的女性来访者，她的主诉是，她在每一段亲密关系中都会成为那个主动撑起一切、照顾对方的人，这让她觉得很累。

在经历了三段失败的感情后，她在临近 30 岁时觉得自己终于找到了"对的人"，也就是现在的丈夫李雷。原来，在三段相同模式的感情失败后，韩梅梅定下最核心的择偶标准是"会照顾人"。遇到李雷时，韩梅梅感觉"就是他了！"，从约会订餐厅、决定看什么电影，到逛街时为她准备好充电宝，李雷会在大大小小的事情中照顾好她。

他们很快就结婚了。但结婚后，韩梅梅逐渐发现，在家庭生活中，李雷什么事情都做不好，别说做饭、洗碗、洗衣服这些需要点技巧的事，哪怕是擦桌子、换垃圾袋等简单的事也做不好。韩梅梅很泄气，觉得谈恋爱时那么细心体贴的人，怎么结婚后就变了，最终还是得自己撑起一切。

在咨询中，韩梅梅回顾起自己曾经的几段感情经历时声泪俱下："为什么人人都这样对待我？他们在结婚前甜言蜜语、无微不至，结婚后就露出本性了，对我一点都不在乎，对家庭不上心！是不是这个世界上的男人都是这样？我好失望啊！"

● 为什么人人都这样对待我

当你感觉到"人人都这样对待我"时，有一件事正在你的潜意识中发生而被你忽略了。

这件事的底层逻辑叫"任何关系都是成对出现的"。例如，你第一次和一个人发生激烈争斗，如果你赢了，你会在拥有获胜快感的同时，意识到"对方输了，对方会因此挫败、脆弱、羞愧、无力"；反之，如果你输了，你会在感到挫败、脆弱、羞愧、无力的同时，意识到"对方赢了，他会拥有获胜的快感"。于是，当你赢得争斗时，除了获胜的快感，内心的隐秘之处也会同情对方的受伤、挫败并为此感到内疚；当你输掉争斗时，除了感到挫败、脆弱、羞愧和无力，也会嫉妒、羡慕和愤恨于对方的胜利。

意识到内心隐秘之处的情感存在具有重大意义，它让我们知道"任何关系都是成对出现的"，不仅仅出现在外部世界，也出现在自己的内心。哪怕赢了，也会感受到输——刚赢了争斗时，你可能会沉浸在胜利的喜悦中，但平静下来后，你会焦虑和担忧：我下次还能赢吗？看他这次输得那么痛苦与羞耻，如果下回是我输怎么办？

当你在努力向前的过程中遇到挫折和不顺时，对方痛苦与羞耻的样子就会浮现在你脑海，好像在提醒你"千万别输，不能成为那样"，让你异常焦虑。

所以，意识到关系成对出现，就意识到谁都有可能坐到这对关系的任何位置，这次是赢，下次就有可能输。

有些人不停地让自己变强，并向更强者看齐，正是源于内心对"输"的感觉的极端回避。他们内心有一个通往顶峰的阶梯，在这个阶梯的任何位置上，都存在上一级对下一级的碾压、鄙视、虐待或忽视，下级只能卑微地仰视、崇敬和乞求上一级。所以迫使他们不停地往上攀登的，既是对成功的渴望，又是害怕被他人碾压的恐惧。当然，我们知道，现实世界并非总是如此，是他们内心"成对出现"的人际模式把自己的世界变成那样。那些不鄙视、不碾压他们的强者，会被他们视而不见或视为弱者，因为他们相信"哪有不碾压他人的强者呢？你不碾压弱者意味着你内在虚弱"。不在那个"虚幻的阶梯"上的人，会被排除在他们的世界之外，久而久之，他们的世界里全是在这个"虚幻的阶梯"上的人。

而韩梅梅内心的"成对关系"是"照顾者与被照顾者"。在韩梅梅的童年，母亲常年卧病在床，父亲为了挣钱为母亲看病而四处奔波，总是早出晚归，甚至常年出差在外。在韩梅梅的记忆里，她总是那个要照顾母亲生活起居的人，大大小小的家务事都落在年幼的她身上。一方面，扛起家庭重担的力量感让她形成了坚韧有力的性格；另一方面，她内心隐秘的部分是憎恨弱小无助的母亲的，她讨厌母亲无法自理，需要自己这么辛苦、这么劳累地去照顾。某种程度上说，她早在童年时期就种下了"找个能照顾我的人"的择偶标准。

在每一段恋爱关系中，韩梅梅起初都是被照顾的人，因为她选择的对象都是很积极主动照顾她的。但是，她内心隐秘的角落里那个"成对的关系"会随着他们的交往释放魔力，当她处于被照顾者的位置（母亲曾经的位置）时，她并不完全感到安心、舒适和幸福，她的内心总有隐隐的不安：我如此享受对方的照顾，对方就坐在了我曾经的位置上，那么作为一个照顾者，对方一定也会像我曾经怨恨母亲那样怨恨我，这可不行！

为了避免被怨恨，韩梅梅不得不回到自己熟悉的位置，开始在关系中更多地照顾对方。如果对方付出十分心力照顾韩梅梅，她就要回以十五分的心力照顾对方。慢慢地，关系就又恢复到韩梅梅过去的关系模式里，韩梅梅成为更加照顾对方的人。这让她感觉更安心，因为相比被对方怨恨，她觉得还是自己更辛苦、更劳累而去怨恨对方轻松一些，这样的"剧本"，她更熟悉。

● 打开空间，看到更多的可能性

当你意识到"任何关系都是成对出现的"之后，怎样才能打破循环、避免陷入"虚幻的成对关系"呢？一个总的原则是：打开空间，看到更多的可能性。

任何关系都是复杂的集合，不只是"赢和输""照顾与被照顾"，关系中有更广阔的感受集合与复杂的中间态，当你不再以"成或败""0 或 1"的态度看待关系，就能发现关系更多的可能性。

这么说似乎有些抽象，你可能还是容易在具体的互动时陷入某些模式。如果从微观视角看看事情是怎么发生的，你可能看得更清晰。但要深入到微观视角，就需要引入一个概念，叫作"投射性认同"。

投射性认同是这样一个过程，一个人（比如甲）把自己认为的、感受到的情感投射到另一个人（比如乙）身上，认为不是自己（甲）有这样的想法和情感，而是对方（乙）有这样的想法和情感，在某种压力之下，被投射者（乙）真的会变成投射者（甲）认为的那个样子，做出投射者（甲）设想和期待的反应，从而完成对投射者（甲）的认同。这个过程用一个词来概括，就叫"求仁得仁"。

比如你在亲密关系中非常焦虑，总担心伴侣离开自己，怀疑对方是不是要抛弃自己，给对方施加很大的压力，要求对方多陪伴自己，责怪对方回复消息不及时。久而久之，对方深感压力，觉得你太黏人了、太"作"了，产生了逆反心理："你不是说我要离开你吗？你说对了，我真是太累了，我得离开你。"而对方的这种"认同"，就像你在对方眼前摆了两把椅子，你坐在了其中一把椅子上，示意对方坐另一把椅子，没有其他选择。刚开始对方还进退两难，不愿坐下，但拉扯之下，对方拗不过你，只得在你"设计"好的另一把椅子上坐下。这反过来加剧了你内心的焦虑，你感觉很受伤——"的确，人人都要离我而去"。

投射性认同，是人在刚出生还不会说话时的一个重要生存技能。如果你听过婴儿哭就会深有体会。婴儿那种尖声大哭极具情感穿透性，会勾起你内心的担忧、对关心和爱的渴望。你很难忍受婴儿持续大哭而不去照看他，因为他在你内心勾起了丰富的情感，这些情感原本是婴儿自己的，但他不会说话，只能通过这样的哭声唤起你的情绪，让你理解他的需要，这是投射的过程；而你被勾起的情感可能包含担忧、焦虑：他哭得那么厉害是不是不舒服？于是你为了缓解你自己的焦虑和担忧而去查看他的状况，安抚他的情绪，这是认同的过程。当你把他照看好，他不再哭泣了，这个投射性认同的过程就完成了。婴儿就是通过这样的方式，唤来自己的养育者，依赖这个养育者让自己存活下来。一个不会尖声大哭的婴儿，或者哭声不够有穿透性、不够有情感渲染力的婴儿，存活能力是不足的。所以，在学会说话之前的早期生命里，投射性认同是人生存的主要技能，是极具适应性的。

随着成长，当你学会了一门语言，学会了用逻辑和理性与人沟通，这种投射性认同技能就不再是沟通的主要技能了。但它不会消失，它会隐藏在你的潜意识中，在逻辑的、理性的语言沟通失效时重新被调用。

有些时候，你莫名其妙地感到心里不适，而且难以用具体的词语来描述这种情绪，你要怎么把它传递给你的亲密爱人呢？你放弃了用语言沟通，但你想和亲密爱人产生依恋、产生联结的渴望是无法被抹除的。无论多么回避和抗拒亲密关系的人，内心都有对亲密关系的渴望。这时你会调用起原始的沟通技巧，即投射性认同。

你甚至无法理解自己为什么要这么做，或为什么会让事情这样发生，你内心隐秘的角落可能有一个低低的声音：我好像在"搞事情"，但我不知道为什么，也不清楚我想怎么样。

很多临床心理学工作者发现，那些遭受创伤的人，比如遭受家暴或精神暴力的人，容易产生一种糟糕的"强迫性重复"，反复陷入被伤害的情景里。有时候你会发现，一些被家暴的妻子被解救出来后，又会回到"危险的"丈夫身边。但这只是人们看到的表面现象，人们不知道的是这些妻子内心在发生什么。

一位 30 岁的女性说："每次被丈夫殴打后，我都觉得是自己活该。那种自我厌恶的感觉，让我觉得这是我应得的。"一位 25 岁的女性说："领导说出'我送你回家吧'的时候，我就意识到不对劲儿，但不知道自己为什么没有拒绝他，还是让他送我了。到楼下时，他说上楼去我家待会儿，我还是没有拒绝。"

回顾一下本节的关键：在人们心中，"关系总是成对出现的"。我在做咨询的时候，相比关心"主语"和"宾语"，会更关心"谓语"是什么，因为"主语"和"宾语"的位置会随时变化。还记得吗？输赢关系会改变，照顾与被照顾的位置会交换。但"谓语"不同，它定义了这对关系的性质。上面两个例子中，在那位 30 岁女性的内心，关系的性质是"厌恶"，她通过投射性认同激发他人对自己的"厌恶"，来实现自己被厌恶的处境；在那位 25 岁女性的内心，关系的性质是"没有拒绝"，她通过投射性认同激发他人对自己的兴趣，来实现不被拒绝的处境。前者实现"厌恶"的具体举动是"暴力"，后者实现"不被拒绝"（或者说接纳、认可、喜欢）的具体举动是"性吸引"。

这可能会让人感到费解和震惊，因为在逻辑的、语言的世界里，这些行为看似"不可理喻"。为什么要让自己"被厌恶"？人为什么要用"性"换取"不被拒绝"？这个现象本身，造成了受害者处境的不被理解，因为内心没有"成对关系"模式的人很难理解和接纳这种投射性认同的动机。甚至连受害者自己也不接纳，觉得这是羞耻的、禁忌的、疯狂的。

但是，投射性认同是什么？它是人在还未习得语言、还没有形成逻辑思维的婴儿时期拥有的一项技能，它处理的是非逻辑的世界，是人的情感世界。人类有一种基本的情感，就是渴望回归熟悉、回归"母体"，哪怕那个熟悉的"母体"是虐待的、憎恨的、恐怖的、疯狂的。

你大概可以理解，对那位 30 岁的女性来说，是她的"母体"对她发出了"厌恶"；对那位 25 岁的女性来说，是她的"母体"对她发出了"拒绝"。前者认同与内化了这份"厌恶"，认为自己就是个令人厌恶的人；而后者反向认同了这份"拒绝"，希望自己千万不要再被拒绝了。如果他们无法理解这份回归"母体"的动力，就无法看到自己是如何勾起或允许别人如此对待自己的，而是会反复陷入糟糕的处境，自我厌恶、自我怀疑，搞不明白为什么世界会这样。

生活中还有很多投射性认同，它可能或轻或重地发生在每一次谈话中。那些你说不清道不明的愿望、需求、渴望、焦虑和情绪，都可能以无意识的态度传递给身边最亲密的人，如果他们敏锐地收到了你自己都没有意识到的信号，可能会"认同"你内心"成对关系"中的一方，坐到你对面的"椅子"上去。于是，你们的关系变得"求仁得仁"。

关系剧本：依恋模式

"关系总是会成对出现"的一个理论基础是依恋理论，这个理论在心理学发展史中有极其重要的地位。

这个理论的"前传"可以从美国心理学家哈洛及他著名的恒河猴实验讲起。要理解这个实验的轰动性与革命性，就不得不了解当时的心理学发展阶段。

在 20 世纪 50 年代，第二次世界大战造成了成千上万的孤儿被扔给社会，人们需要一些新的理论和方法来养育那些带有心理创伤的孤儿。同时期，心理学界的潮流是经典精神分析、行为主义和刚刚萌芽的人本主义三足鼎立。经典精神分析认为人类行为是驱力[①]的产物，换句话说，人的动物性（饥饿、性、攻击）在更根本的层面上驱动人的行为。行为主义的机械化观点也在加深这种印象，认为人的行为是可以通过强化和条件反射进行塑造的，就像训练动物那样。而人本主义强调人的自我实现趋向和建设性力量，这在当时

---

① 驱力，是指由生理或心理方面的需要引起并推动机体从事满足这些需求的行动的内部唤醒状态。——编者注

只是一种抽象的思考和对现象的观察，还未形成强有力的科学证据来说明"趋向哪儿""建设什么"。

正是在这样的社会现状和心理学发展阶段下，1959年，哈洛报告了他的恒河猴实验研究成果，引起了广泛的讨论和巨大的影响。这项研究最核心的一项子研究是，让新生的恒河猴幼崽从出生第一天起就和亲生母亲分离，在此后的半年中给它们两个"妈妈"，一个是用铁丝制作的"妈妈"，铁丝"妈妈"胸前挂着奶瓶，可以喂饱小恒河猴，另一个是绒布制成的"妈妈"，但是绒布"妈妈"没有奶瓶，没办法喂饱小恒河猴。如果按照经典精神分析与行为主义的内在逻辑，即驱力与条件反射是行为的基础的话，那么小恒河猴会更多地亲近铁丝"妈妈"，去解决饥饿问题。但是哈洛发现，小恒河猴只有在非常饿的时候才会短暂地去找铁丝"妈妈"喝奶，一旦喝饱，它们就去寻找绒布"妈妈"，有时甚至宁愿挨饿，也要和绒布"妈妈"拥抱在一起。于是，哈洛得出结论，认为对小恒河猴来说，身体的接触甚至超过哺乳的作用。这说明缓解饥饿、满足基本需求，并不是唯一的内在动力，甚至不是最重要的动力，温暖的怀抱是一个比动物性需求更重要的需求。

同一时期，依恋理论的奠基者约翰·鲍尔比开始了他的社会研究。早在20世纪30年代，鲍尔比作为一名精神科医生在伦敦儿童指导中心工作，他十分关注行为不良的孩子，潜心研究他们行为不良背后的养育因素与社会因素，并在梅兰妮·克莱因（Melanie Klein）的督导下接受精神分析训练。

当时，经典精神分析专注于人的驱力因素，从个体视角出发，十分重视个人的幻想和内在。这让鲍尔比很难完全认同。有一个重要的事件促使鲍尔比放弃了这条个人分析之路，当时，他在克莱因的督导下，和一位过度焦虑的男孩进行每周 5 次的高频心理咨询，鲍尔比很想和男孩的母亲见面，了解男孩的亲子关系和养育过程，但克莱因禁止他见男孩的母亲。以当时经典精神分析的视角看，严格的边界和绝对纯洁的咨访关系会让移情更为清晰，从而易于开展工作。在进行了 3 个月的心理咨询后，男孩因为躁狂发作而被母亲送进医院治疗。鲍尔比对此很沮丧，他很疑惑，难道个体的幻想和驱力比男孩所面对的现实环境更重要吗？他的母亲、他的家庭、他成长的外部环境统统不被重视，这是正确的吗？

自此，鲍尔比有了一个重大的转变，他觉得现实环境是十分重要的，特别是对儿童来说。他认为，对于还无力独自生活的儿童，关注那些最重要的人对待他们的方式，远远比关注他们内在的幻想和驱力要重要得多。

鲍尔比开始潜心研究因分离、丧失和被剥夺而失去和母亲联结的儿童在成长和发育中会受到怎样的阻碍。1944 年，鲍尔比发表了《44 名青少年小偷：他们的性格和家庭生活》，并因此应世界卫生组织的要求，于 1949 年起研究孤儿们的情绪发展和人生命运。

鲍尔比观察到，在儿童诊所、孤儿院等地方，对行为不良、无家可归、长期住院的儿童来说，分离与丧失等现实打击对他们有着不可否认的灾难性影响。鲍尔比逐渐意识到，比起分离和丧失的那一刻带来的巨大创伤，成长经历中是否有养育者可以和儿童进行持续的、日常的互动，对儿童心理发展的影响更大。

在 20 世纪 50 年代末到 60 年代，鲍尔比陆续提出了关于依恋理论的构想。依恋理论的核心哲学与经典精神分析是完全不同的，它认为饿了要吃、困了要睡，并非人类行为的底层逻辑，人类行为的根基不是所谓"驱力"这样的动物性因素，而是鲍尔比所谓的"依恋行为系统"（attachment behavioral system），这一系统是具有进化优势的，有助于提高人类的存活概率。它反映在行为上，有三类行为模式：第一，寻求、检测依恋对象，并试图与提供保护的依恋对象（attachment figure）保持亲近；第二，将依恋对象作为"安全基地"使用，从这个地方出发，去探索外界的环境，也就是说，先找到可依恋的对象，然后以此为"圆心"，向外探索世界；第三，将依恋对象作为"避风港"，在面对危险情景或受到惊吓时逃向此处，换句话说，在探索世界遭遇挫败时，会想要回归"圆心"。这与动物存在根本不同，当人类受到威胁时，他们不像动物那样要寻找一个地方躲藏（例如躲进一个洞穴、爬上一棵树），而是要寻找一个比自己"更强壮或更有智慧"的人陪伴。这呼应了哈洛的实证研究，对于灵长类动物来说，依恋另一个同类（温暖的怀抱），而不是依赖释放驱力的物质（例如食物、安全的洞穴），是刻进其本能中的行为模式。

在随后的半个世纪中，鲍尔比的合作者玛丽·安斯沃斯和她的学生玛丽·梅因在依恋理论的根系上发展出繁盛的枝叶，完善了这个理论。我们现在熟知的依恋类型、成人依恋理论都是安斯沃斯与梅因的研究贡献。但这些发展都离不开鲍尔比的理论基础，即人天然具有寻求依恋对象的趋向。在某种程度上，这也回答了同时期人本主义对人的自我实现趋向和建设性的构想，即趋向依恋的对象，建设稳固、安全、充满爱的依恋关系。这就是为何在你内心会有一个不可忽视也无法辩驳的根本存在——"关系总是会成对出现"。

我们在前面已经谈论了不同的依恋模式。在这里，我更想和你分享的是"依恋对象"这个概念的含义。我们用"对象"这个词，很可能会让你认为它是一个具体存在的人，但鲍尔比描述"依恋对象"时所用的英文是 attachment figure，figure 除了表示人物，还表示（远处人的）轮廓、身材，（人、动物的）雕像、塑像。这意味着，attachment figure 不只是指向"杨桂梅""张桂花"这样具体的人，而是更广泛地指向你心中的那个"身影"。

所以，很多人成年后远离了家乡、远离了自己成长的环境，以为可以重新开启生活时，却一次次地在成人依恋关系中遭遇挫败。他们走进咨询室，依然坚持认为自己现在遇到的困难只是和恋人之间发生了冲突，解决了这个冲突，他们的问题就解决了。他们认为自己遇到的就是和某个具体的人的事情，没有意识到自己极力远离和抹杀的过去在他们内心深处留下了一个"figure"，它时时刻刻在自己脑海中创造"成对的关系"模式，让他们有意无意地邀请身边的人坐到对面的"椅子"上，把那个"figure"重新呈现出来。

这正是鲍尔比所描述的"内部工作模式"——你在用某种"成对的关系"模式把你的人际关系都演化成你熟悉的样子。

依恋的发展

俗语说"3 岁看大，7 岁看老"，这和近百年来心理学家的观察几乎不谋而合，很多研究依恋发展的心理学家通过更加科学的手段反复验证，逐渐形成一致的观点，认为 0 ~ 3 岁是一个人依恋发展的关键期。

在 3 岁之前，依恋关系的发展会经历这样四个阶段。第一个阶段是婴儿从出生到 6 ~ 8 周（也就是一两个月），可以称为"前依恋阶段"。在这个阶段，婴儿会向养育者发出本能的信号，比如大哭、抓挠、微笑、盯着成人的眼睛看等，表达自己的需求，寻求养育者的关注和安抚。他们能够辨别出母亲的声音和气味，但还没有形成与人的情感依恋，所以对人的需要是无差别的，也就是没有人们所谓的"认生"，对周围的陌生人不会有什么消极的反应。

第二个阶段是 6 ~ 8 周到 8 个月左右，是依恋形成期，婴儿开始区分养育者（主要是母亲）和其他陌生人，对养育者很亲近而对陌生人警觉。观察 5 个月大小的婴儿会发现，他们在母亲靠近时会微笑、咿咿呀呀地发出声音，表现出积极的情绪状态，被母亲抱起时会安静下来。当他们知道自己的行为可以影响他人时，开始形成信任感。不过，这时他们还不会对养育者的离开产生明显的反抗、生气和害怕，这说明依恋还未完全形成。

第三个阶段是 8 个月到 18 个月，是依恋的完成期。在这个阶段，婴儿开始表现出分离焦虑，他们渴望和养育者待在一起，并对养育者的离开表现出不同形式的抗争。他们会想尽办法让母亲留下，比如跟随母亲一起走、哭闹、抱住母亲不让走等，他们表现出很主动的姿态，要靠近和留住养育者。这说明依恋的指向性完全形成，婴儿把母亲当作了一个"安全基地"。当母亲带孩子去往公共场合，婴儿会时刻确认母亲的位置，母亲稍微离开几步，他们就会紧紧盯住，哪怕房间里有再有趣的玩具，他们也要先确定那个"安全基地"是存在的。

第四个阶段是 18 个月到 3 岁，这个阶段称为"双向关系"的形成期。2 岁以后，婴幼儿的语言功能开始迅速发展，开始在头脑中形成表征和理解，知道养育者作为一个他人，会有自己的需要和事情，有时候必须离开。所以婴幼儿和母亲的关系不再是单向的需求和满足，而是可以作为两个主体进行沟通、协商。孩子不想和母亲分开时会和母亲谈条件，比如"再讲一个故事就睡觉""你要告诉我什么时间回来"，等等。如果养育者总能信守诺言，这个时期的婴幼儿就会形成良好的体验，就会不那么害怕分离，可以在头脑中设想：妈妈只是离开一会儿，她告诉了我会在什么时候回来。于是那个"好妈妈"就住进了他们的心中，而不需要时时刻刻都在眼前了。但如果养育者"言而无信"或者根本不做什么承诺，婴幼儿便会退回到第三个阶段的分离焦虑里，因为此刻语言的沟通失效了，他们不得不用更原始、更早期的方法——哭闹、耍赖、抓挠和各种歇斯底里的情绪发泄，来尽力留住这个"不守信用"的"坏妈妈"。一旦他们用这样的方式成功留住了妈妈，便会强化这种行为方式，在内心构建一个关系模型——沟通时，情绪比语言有用。所以在这个阶段，养育者对分离做出承诺并信守诺言，对婴幼儿的语言与表征的发展十分重要。

依恋理论认为，如果一个婴幼儿在他 0 ~ 3 岁的生命里，充满了各式各样的被打断、被迫分离，婴幼儿内心无法"住进一个好妈妈"，用鲍尔比的术语来说，他们的"内部工作模式"便充满了凶险的、恶毒的、可怕的关系模式，他们会在幼儿园、小学、中学，乃至往后很多年的人生中，把各式各样危险而又可怕的人际关系带入自己的世界中。

但 20 世纪末以来，发展心理学的一股新思潮，"毕生发展"理念逐渐流行，人们不再那么固定地看待发展，认为人在 3 岁以后只是在重复早年的关系模式。"毕生发展"理念认为，人在成年之后，其依恋的发展仍然在继续。它会在每一段新的亲密关系中上演过去的模式，同时也会修正、补充那种模式，那些依恋关系被阻断的时刻，如果在后续的养育中被修复，并不会对新的亲密关系造成毁灭性的破坏。

当你开始靠近一个人，从陌生逐渐走向亲密，就如那个 0 岁的你靠近"母体"一般，你会经历各种原始的情感体验，有渴望的、亲密的、共生的、喜悦的，也有恐惧的、焦虑的、憎恨的、绝望的，而这么多复杂又激烈的情感体验会以什么配比融合成你亲密感中的特殊情结，就形成了你的依恋模型，即你的"内部工作模式"，这也正是你内心的"成对出现的关系"模型。这些情感体验或许不能很好地用语言描绘和概括，但它会在你的亲密关系中被"呈现"出来。如果你感受到了它，发现你和亲密的人总在哪里"兜圈子"，那或许就源于你内心的"成对出现的关系"模型。

能够对依恋关系进行修正与补充的因素，就藏在你逐渐发现这个模型的过程里。成人的世界是无比复杂、无比丰富的，其中有大量符合你内心"成对出现的关系"模型的因素，也必然存在大量"例外情况"，只是那些"例外情况"在你心里并不具有意义，于是一直被忽略了。忽略那些"成对出现的关系"模型之外的因素，对成年的你来说具有极大的驱动力，因为你内心仅能装得下这种模式的亲密关系，认为此外的关系都绝非亲密关系，那些"例外情况"

破坏了关系成型的趋向，所以要排除它们。

如果允许"例外情况"进入你的亲密关系模式，无异于否认或修改你的"内部关系模式"，这会遇到很大的阻碍。

例如一个在强烈的控制与被控制的"成对出现的关系"下成长起来的人，他潜意识中寻找的亲密关系都必须包含强烈的控制与被控制。一旦他们感到对方是缺乏控制性的，就会觉得"对方可能很脆弱""对方可能不优秀"而不被吸引，而那些吸引他们的人，往往是被他们觉得"好优秀""很有力量"的控制欲较强的人。而一旦对方放松控制，他们又会体会到被抛弃感——怎么，你不在乎我了吗？

这便是"内部关系模式"的强大力量，它把一切非言语的感受解析成语言，变成一套万能的概念应用在方方面面，从而让自己在某个圈子里循环往复。但抛开语言的表象，其背后的实质是它联通了你内在最熟悉的、与"母体"联结的依恋感。不论把它称为"控制"还是"抛弃"，它都是你熟悉的那个"身影"。

在这个熟悉的"身影"中增添一些新的内容，便是你成年后依恋发展的重要形式。你可以试着逐渐允许那个"控制"你的人有时候不那么"控制"，尽管你可能会因此感到被抛弃、被忽视，担心关系出了状况。但关系真的会被破坏吗？还是你心中的模式在吓唬你？你越能容纳一些可怕的感觉，越有机会看到你的世界在发展。眼前这个人和你心中的那个"身影"并不等同，如果能用眼前的这个人修正与补充你内心的"身影"，把那些好的感觉吸收进去，你的依恋关系就得到了发展。

感受亲密
在关系中获得幸福的艺术

关系模式的代际传递

你了解你的爷爷和外婆吗？他们分别是怎样的人？你和他们的关系如何？这两个位置分别代表了文化与情感的脉络。

爷爷作为父系传承中的祖辈，你和他同姓同族，有些姓氏甚至有非常清晰的族谱标明这个家族中的辈分传承脉络。也可能你和这个具体的人是有距离的，你并不直接了解他，他更像一个符号，意味着权威、传统和历史。如果是女孩，你甚至可能感觉到来自爷爷的压制和厌弃，你是那个传统文化里不被重视的存在，你可能由此生出许多愤恨与憎恶，或许指向这个具体的人，或许指向那个符号、那个传统。

而外婆作为母系传承中的祖辈，往往是情感脉络中最亲密、最温暖、最细腻的存在，你不在乎甚至可能不知道外婆的姓氏，但你却清清楚楚地记得她的面容、她的一颦一笑、一举一动。你所讲述的和外婆的故事，或许有非常丰富的情节、情景和情感，有些让你心生温暖，有些让你泪流满面，有些让你握紧拳头，有些让你陷入沉思……她的形象在你心中是那样具体、那样安静，深刻地存在于你的生活图景里。

有这样两首歌曲：《爷爷泡的茶》和《外婆》。从歌曲名中我们可以得知，爷爷不是作为一个人物出场的，出场的是他泡的茶，这表明，在很多人心里，爷爷和孙辈是有心理距离的，孙辈们记得的是爷爷所泡的茶，那个茶就像是一个符号、一个象征，一种来自家族的文化与传统。但《外婆》就是外婆，她是一个直接存在的"对象"（figure），是你有什么情绪情感，想要直接倾诉的那个"对象"（figure），歌曲也是以外婆作为对象去表达、去歌唱的。

这里谈及的爷爷和外婆，并非特指这两个人，在有些家庭里，在这个位置上的也许是奶奶和外公。但本质上，这说明一个家族中，既需要有作为传统、文化和家族荣耀与意义而存在的祖辈，也需要有作为养育、亲密、情感传承而存在的祖辈。

一个孩子，他主要的依恋对象是母亲，而后是父亲，但他的父母为何是这样一个人，以这样的性格、职业、社会经济条件存在于这个社会，背后也有他们关系模式的影响。而他们关系模式的起源，也不可避免地要联结到他们作为孩子时主要的依恋对象——父母，即孩子的爷爷奶奶、外公外婆。

这就像一个你画我猜、击鼓传花的游戏，A 把看到的谜题画给 B 看，B 凭记忆画给 C 看，C 凭记忆画给 D 看，最后 D 说出的答案或许和 A 起初看到的谜题千差万别，但也有一些谜题的核心在击鼓传花的过程中被传下来。

一个人内在的关系模式便是一道谜，它会被无意识地传承下来。这个过程包含着不同的心理过程。

● 模仿、认同与内化: 作为一个符号记住他

其中被作为符号记住的那个祖辈，是爷爷所在的位置，它代表了你内心的荣辱、道德、理想与意义。你内心那些社会化的部分，小到要如何与人打交道、如何在一个集体中找到自己的位置，大到你将来要成就怎样的事业、为社会做出什么贡献，都紧密地和这条父系的传承相关联。

在你的成长过程中，你通过模仿、认同父系长辈的举动，让自己感觉到强大、有力量，仿佛那样做是好的，是被人喜欢的，可以更像一个成年人。如果你的父系长辈中有一些社会意义上的"恶棍"，你可能会形成一些反向认同——那样的人是坏蛋、是恶人，我长大以后，坚决不能成为那样的人。于是你形成了一个相反的模型——只要和他相反的样子，就是我想成为的样子。

这些都意味着你内化了那样一个"对象"（figure），认为人应该那样存在于社会。

● 内摄：潜移默化的影响

而被作为情感记住的那个祖辈，是外婆所在的位置，它代表了你内心的依恋、渴望、爱和亲密关系。你内心情感的部分，小到如何称谓最亲密的人，如何拥抱、亲吻或抚摸他，大到你将来要建立怎样的家庭，如何与亲密的人度过一生，都紧密地和这条母系的传承相关联。

在你的成长过程中，你通过学习和模仿母系长辈的神态、语气和情绪表达方式，来和身边的人交往，你会觉得那样表达是亲昵的、热烈的、可爱的，是关系融洽的两人应有的沟通模式。不过，如果你的母系长辈中有一些人是情感冷漠的、忽视的、拒绝的，甚至是虐待的、暴力的，你可能会感到混乱：一方面，你感觉关系的紧密，靠的就是虐待、暴力和愤恨；另一方面，你又为这样的紧张关系感到恐惧和害怕，想离开它。

于是，你的关系模式可能是拒绝的、疏远的、冷漠的，但同时你内心渴望与人联结的部分被压抑、被掩藏，你变得对他人没有期待，独来独往，时常觉得生活缺乏乐趣，感到无聊、孤独，没有意义。

这都意味着你内摄了一个"对象"（figure），你不是以语言的方式"记住了"她（觉得做人要这样、要那样），也不是内化了她，而是更加隐晦与深沉地内摄了她，以一种情感的方式感受到她、体会到她，你在与世界相处时，就像与她相处一般，有一种情感在你心中流动。而且，这个"对象"也更深刻地嵌入了你的"自我"，似乎就是你的一部分，她的一颦一笑、一举一动，都变成了你自己的，你也会不自然地说出一些她的口头禅，或驻足在某个废墟之上，感受到相同的情感。

"长大后我就成了你"，这句话形象地体现了内摄过程的核心。它不是出于"我要成为这样的人"的信念，而是指"我"受到一种潜移默化的影响，最终"成了你"。

关系模式就是如此，通过内化、模仿、认同的方式，在父系脉络上传承，你内心有一部分认可某种关系模式，努力朝着这个方向成为你觉得"好"的样子；同样地，通过内摄的方式，在母系的脉络上传递，你的身体或内心有一部分会感觉你如此和人交往是舒适的、自然的，你会越来越多地交往这样的人并以这样的方式与人交往。

当然，人是具有创造性和自主性的，你不必完全陷入祖辈的模式，当你意识到它、清晰地理解它时，你有责任为自己的生活做出选择，更多地描述出代际传递中美好的部分，修改和弥补那些缺憾与痛苦的部分。人生不是一个限定的游戏，你永远有机会去创造属于你的生活。

第八章

关系结构：

从"我和我""我和你"到"我和你们"

一元关系："我和我"的关系

你有没有做过这样的白日梦，幻想着如果这个世界上只剩下你一个人会如何？在你的白日梦里，那个只剩你一个人的世界是什么图景？你在那样一个世界里感觉怎么样？是兴奋的、欣喜的，还是焦虑的、恐惧的，或是平静的、松弛的？

这个白日梦在电影《我是传奇》中演绎了出来，影片主人公罗伯特一天早上醒来，发现这个世界空空荡荡，所有人都不见了，他慌乱、恐惧，不停地寻找着同类，想搞清楚到底发生了什么。当他逐渐发现找不到同类时，他倍感绝望和孤独。

这反映了依恋理论的根基，人始终在寻求关系。

作为社会性动物，人无法独自存活。但为什么你在想象世上只有你一个人的时候也并非只有恐慌与害怕，而是会时而浮现自由、愉悦、欣喜和许多积极的情感呢？在生活中，也有些人有时候会更乐意自己一个人待着，甚至很长时间独自一人也能怡然自得、纵情山水。这些现象似乎表明，在人类的心理结构中，也存在着"一人模式"。

这种模式叫作"一元关系"，是"我和我"的关系。比如，你可以思考一下这些问题：你觉得自己是一个什么样的人？你喜欢自己吗？讨厌自己吗？喜欢自己哪些部分？又讨厌自己哪些部分？照镜子时，你对镜子里看到的"那个人"有什么感觉？你会如何讲述你的人生故事？这些问题，都属于"一元关系"，都关乎你如何与自己相处。

有些人会极度喜欢自己，觉得自己"天下无敌"，处于极度自恋状态；有些人会极度厌恶自己，觉得自己"一无是处"，处于极度回避、退缩的状态。这样的"一元关系"都不太健康，这样的人很难长时间自处，哪怕照镜子照久了都难受。他们会向外寻求关系，用外界丰富的刺激来转移注意力，不把精力放在和自己相处这件事上。

而另一些人又是如何做到和自己良好相处的呢？

● **"一元关系"的理论根基：自闭－毗邻位**

去问那些可以良好自处的人是如何做到的，他们往往很难回答你。因为"做到"就好像意味着有一个从"做不到"到"做到"的过程，是需要努力和用心做点什么的。但实际上，那些可以良好自处的人并没刻意做什么，他们就是那样生活，良好自处似乎是他们内心本来就拥有的一部分。实际上，良好自处是每个人都拥有的一部分，只是在发展过程中，有些事情干扰了自然的"一元关系"的发展。

说到自然的"一元关系"的发展，不得不提到心理学家托马斯·奥格登，他在前人理论基础上提出了一个独特的视角，他发现，婴儿在发展出客体关系（寻求依恋对象）之前，有一个短暂的阶段处于完全自闭的状态中，他把那个短暂的阶段称为"自闭－毗邻位"。奥格登用这个概念描述和探索人类体验的早期边沿在哪，换句话说，人是从哪一刻开始发展出自体感觉的。

我们知道，人类的感觉器官从胎儿期就开始发育，几个月大的胎儿就具有了成熟的听觉器官（耳朵），它们可以听到外界的声音。所以有些提倡胎教的人认为，在妈妈怀孕期间让胎儿听古典音乐之类，可以提升孩子的艺术素养。的确，胎儿可以听见这些声音，但没有证据表明，音乐内容能被胎儿听进去，凝聚成心智中的一种感受，感知到这是一段旋律。奥格登希望可以用"自闭－毗邻位"来回答这样一个问题：婴儿从哪一刻起开始凝聚人类心智，形成感知内容？

当婴儿出生后，对信息的凝聚就时刻在发生，同时也在发生一个相反的过程，即对信息的溶解。例如，当你听到一种从未听过的语言时，你听不懂任何内容，对你来说它只是一串无意义的声音，于是你"左耳朵进、右耳朵出"，很快就把它忘记了，这就是这一

感受亲密
在关系中获得幸福的艺术

段听觉信息的溶解与飘散，它在你的大脑中什么都没有留下。相反，如果你听到的是用你熟悉的语言说的一段话，就会有一些富含意义的词语、句子甚至思想留在你的心智中，也就是说你凝聚了这些声音，形成了感知内容。

婴儿会在感到安全、舒适、平静的情绪状态下开始凝聚他的感官收集到的信息，比如听到的声音、看见的色彩、闻到的味道、触摸到物体的感觉等。婴儿通过视觉与触觉感受看到了什么、摸到了什么，从而凝聚出自己与外部世界的关系：我处于什么位置，有什么东西可以为我所用，那些东西看起来、摸起来是什么样的，等等。在"自闭－毗邻位"状态中，最为核心的要素是身体感觉，你的皮肤触碰到物体产生了触觉感受，这些触觉感受回应了你的存在，于是你凝聚出一种"我存在"的感觉，这就是自体感觉。

但另一个相反的状态会破坏它。当婴儿感到饥饿、寒冷、身体不适时，他们开始恐惧，因为那些不适指向痛苦，由痛苦指向毁灭，婴儿恐惧这些感觉会导向自我的消亡。在恐惧中，所有看见、听见、触到的感觉都溶解和飘散了，于是，婴儿体会到"我不存在"。

这也就解释了在现实意义上是什么让婴儿凝聚出自体感——是来自外界的安抚，通常情况下是母亲的安抚。安抚缓解了婴儿的饥饿、寒冷和身体不适，使他们重新归于平静，从而可以继续凝聚自体感。此时，婴儿还是自闭的，他们还活在"一元关系"中，认为"我就是世界，世界就是我"。他们无法意识到安抚自己、缓解那些破坏力的东西来自客体（自己之外的人或物）。所以，尽管客观现实上是母亲安抚了婴儿，但婴儿的主观体验是他自己战胜了神秘的破坏力（那些饥饿、寒冷或身体不适）。在这个意义上，婴儿拥有全能感——我只需起心动念，世界就为我所用。

这也是为什么你在做白日梦幻想那个只有你一个人存在的世界时，会冒出许多全能感的片段：你拥有了全世界，当然这个世界所有东西都能为你所用。

自闭–毗邻位以身体感受为核心，所以，想判断自己是否可以良好自处，一个最直接的办法就是看看你在做正念、冥想、瑜伽类活动时，能否很好地和自己的身体感受在一起，观察自己的呼吸、觉察身体每一处的感受。你越能安住在自己的身体感受中，你在自闭–毗邻位状态中凝聚的感觉就越能超越消散、溶解和破坏的力量。

● **良好自处的秘密：健康的一元关系**

健康的"一元关系"是凝聚的力量超越消散、溶解和破坏的力量的结果。在这种情况下，人可以良好自处，保持安心、安定的状态。否则，人就无法安然自处，就会通过拼命向外索求来确认自己的存在。

我们在生活中有许多时光是有机会和自己相处的。在等公交车或乘坐地铁时，我们都可以和自己在一起。但你环顾四周，会发现极少有人在这样的时光里全然和自己在一起。人们大多会拿着手机看视频、发信息，尽力填满时间缝隙，似乎不愿或很难和自己相处那么一会儿。

但你偶尔可能也会遇到这样的人，他们在公共交通工具上闭目冥神；他们并未睡着，而是在清醒中隔绝外界的信息，和自己内心的活动相处。

有句戏言说"一直单身一直爽"。这句话其实很难成立，因为这句话的语境充满了酸楚，是对恋爱的反向认同——恋爱中的痛太多、太深了，我还不如单身呢！所以才有了单身的"爽"。但真正享受单身生活，其重点不是"爽"，而是一种喜悦、安定、舒适的自处。

抵达健康的"一元关系"，免不了途经一段孤独的、极坏的旅程。它像村上春树谈论长跑、路遥谈论写作、梭罗谈论瓦尔登湖时提到的那样，在路途中的人绝对静默；它像温尼科特提出的"自我核心的存在状态"的概念表述的那样，是处于非交流的中心自我，不受现实原则的影响，意味着人无须回应自我以外的任何事物的要求，可以永远保持沉默；它像托马斯·奥格登说的那样，"它就像天体音乐一样，绝对是个人的，属于活着本身"。而且，也正因如此，自我交流自然产生。这段旅程开始豁然开朗，一切美好的体验，在极坏的、绝对静默的体验之根上，生长发芽。

我曾经和一位来访者在咨询室里长久地沉默，刚开始，我十分困倦，好像空气里都是催眠因子，让我不得不使劲闭嘴、用鼻子猛吸气，避免一个大哈欠打出来，打断这沉默的氛围。渐渐地，静默的时间开始平缓地流淌过我的心灵，让我感到有些东西在凝聚、在抚慰、在轻轻地拍打，就像母亲温柔的手在抚慰。我缓缓地吐出一口气，和来访者说："好像平静了许多。"她略带欣喜地看向我说："是啊。"那一刻我们都感觉到，在长达十多分钟的沉默里，我们途经了一段孤独的、极坏的心理路程，好在我们彼此陪伴，这让这段旅程没有那么绝望。见证了彼此绝对静默的一刻之后，我们之间更深刻的交流由此产生。

健康的"一元关系"不是"一直单身一直爽"的语境中那般对抗与人建立联结，更不是与人建立联结失败后的撤退与回避。它是一种主动的选择和自然的需要，是你此时此刻真的想一个人待着。而且它能发生在任何情景，哪怕此刻你正和最亲密的爱人共处一室，也依然可以让完全属于自己的"天体音乐"在内心播放，给它自然流淌的内心空间，去往你最想去的地方。当这个自处的空间有了一个良性的"背景音乐"，带着它去和人交流，它也自然会流淌进他人的内心空间，使你由此与他人产生联结、在内心深处与他人汇合。

一元关系的核心冲突

一元关系的核心冲突是"存在"与"不存在"，你需要凝聚出"我存在"的感觉，避免消散、溶解的力量产生"我不存在"的感觉。

日常生活中，人们常有走神、失忆、恍惚的体验，比如你走进电梯，长久地等待它启动，却忘了你根本没按楼层选择键；比如你走进厨房茫然地扫视着，想不起来自己要干什么；再比如你在图书馆一页页地翻着书，却发现自己一个字也没有读进去……这些时刻时常在人类的体验中发生，那些消散、溶解的力量让你感觉"那一刻我不存在了"。

有时候，我的来访者正向我滔滔不绝地谈论自己，突然一脸茫然地停下来，然后带着焦虑或懊悔的表情说："我真正想对你说的那个点，说着说着就丢失了，怎么也想不起来了。"

如果偶尔发现自己生活中有这样的时刻，不必大惊小怪，这很平常。每个人都会有这样的时刻，都会出现不在场、不在线的状态。但如果它在你的生活里出现得过多，或丢失的时间、内容非常多，你或许要关注一下你的"一元关系"是否健康。

● 丢失的原因：排除极端情绪

前面谈到，抵达良好自处的旅途中包含了极坏的感觉，孤独、绝望、恐惧、渴望、憎恨……要承受这一切并不容易。

接近这种感觉的最直观的方式是长跑，跑一次马拉松，你会体验到许多极端情绪。跑到精疲力竭时，你开始恍惚，我是谁，我在哪，我去往哪里？我为何要奔跑？奔跑的意义是什么？无数自我怀疑冲击你的大脑，而身体上的疼痛也在消解你的意志，你感觉自己在消散。在这个过程中，你可能会感到恐惧：再跑下去，我会累死吗？你可能会绝望：竟然还有那么远，我不可能做得到；你可能会极致孤独，身体的疼痛、内心的呐喊无人回应，只能自己扛起一切；你可能会极度渴望：跑完这一程我一定要如何；甚至你可能会十分憎恨：人类为什么进行这样的运动……

但实际上，你可能无法说出这些感觉，甚至不觉得在这个过程中产生了种种感觉，你唯一的印象是"我什么都不记得了，我不知道自己是怎么跑完全程的，我感到恍惚"。

这是你的自我保护机制在发挥作用，通过恍惚、忘记和解离的方式，你可以把那些痛苦和恐惧等感觉排除在意识之外。而这种自我保护，让你丢失了那一刻你内心活动的全部真相。

当你"学会"了这项自我保护的"技能"后，你可能会滥用它。你的身体和大脑原始的部分也会自动启动这项技能，让你在电梯、厨房和图书馆等并没有那么"危险"的情况下恍惚。于是，你自我溶解与消散的时刻变多了。

而"一个人待着"是非常容易唤醒原始恐惧的。新生儿面对母亲不在场、无人照料时，会恐惧身体的不适、饥饿、寒冷能否被缓解和消除，自己能否生存下去；成年后，尽管你大脑的前额叶发育成熟，理智可以告诉你这没什么，但大脑的原始部分熟悉的那种恐惧与自我崩解，是无法被理智消除的，它被深深地印刻在你的躯体里，会在你感觉极致孤独时自发启动。

这种感觉还可以在你 6 ~ 10 岁的记忆中寻得，某一天夜里，父母下班很晚，你一个人被丢在空荡荡的家里，你很怕黑，打开了家里所有的灯。可是，空空荡荡的房间依然让你恐惧，你甚至会想到死亡。随着死亡这个念头，你开启了更深的联想，你想到，死亡就意味着永远不存在，你永远见不到你的爸爸妈妈，见不到你喜欢的那个同学，甚至你永远不复存在，从这个世界消失。你浑身发抖，仿佛你的心智在颤抖中抽离躯体，在天花板上望向地面的你自己。你不得不用其他美好的画面来驱赶这份恐惧，想想今天和小伙伴玩耍的快乐，计划一下明天去学校要做的事情，或者干脆打开电视机随便看点什么，用鲜活的、人类的声音来填补内心的空间，驱赶与排除那些极端情绪。

● 两极化：全能感与湮灭恐惧

除了用"丢失意识"驱赶极端情绪，人们常用的另一种方式是两极化，要么幻想出全能感，要么陷入湮灭恐惧。

处于自闭 – 毗邻位的婴儿，在形成对世界感知的过程中为了让自己感觉安全、有力量，足以凝聚出自我并继续存在下去，会幻想自己占据了全世界，幻想自己的起心动念完成了对世界的操纵、满足了自己身心的需求。

全能感可以保护一个脆弱的个体在无法独自存活的状态下创造幻想世界，就像许多科幻电影那样给人们构建一个危机四伏的世界，在那个世界里，人们终将战胜困难，开始一段新的旅程。身心暴露在危险中的新生婴儿也会以这种方式应对极端情绪，只是他们没有语言、没有思维，我们无法知道他们到底怎么构建那个幻想的世界。临床心理学家认为：在婴儿的内心存在这样一个幻想的世界，他们十分需要这样的全能幻想来保存自我、对抗危险、凝聚自体。

全能感是一种极端化的幻想。前面我们提到过一种数学极限的思维方法，通过成年人的经验，用抽象思维逐步逼近和抵达那个极致的幻想世界。同样，我们也可以以一个成年人的经验抵达全能幻想的状态，比如你遇到一条恶狗凶狠地扑过来，你被吓坏了，感觉非常危险，于是撒腿就跑，并感觉越跑越快。

在这个过程中，你的交感神经发出了危险信号，释放出大量肾上腺素，让你的身体机能变得更加活跃、有力量。当然，科学地讲，你体内的肾上腺素是有限的，能够释放出来的活力与能量是存在上限的。而幻想的意义就是，它不受客观规律限制，你可以想象你跑得无限快、跳得无限高、拥有无穷的力量。

但是，如果那条恶狗最终一下子把你扑倒在地，你的交感神经会放弃工作，此时释放肾上腺素已无法解决现实的危险，你的副交感神经的背侧迷走神经启动，你的躯体开始僵硬、瞬间失去反抗能力，像是被定住了一样僵在那里，躯体开始急剧收缩生命的信号，释放内啡肽以提高人体对疼痛的忍受阈值，你感到麻木，心跳变慢，血压和体温开始降低。

人在感觉到死亡威胁时会收缩生命信号，无力反抗、僵直在那里，这是一种本能的反应。

这一刻，人体就像计算机宕机一样完全崩溃了，失去了基本的功能。只有那些有过极端经历的成年人知道这种身心过程，但可能他们也很难回忆起来，因为回忆是一种高级的理智过程，而本能的过程是不受高级理智过程掌管的。通过这种成年人的经验，人们可以抵达和抽象地思考婴儿面对危险时的另一个极端：湮灭恐惧。

全能感和湮灭恐惧这个两极摆荡的过程就像钟摆一样，只有"摆"到中间的短暂一刻，你既不受交感神经激活去调动巨大的能量应对危险，也不受副交感神经的背侧迷走神经调节让身体"死机"以应对存亡威胁，你的神经系统处于副交感神经的腹侧迷走神经调节状态，你的身体处于自然放松状态，这才是"一元关系"中最为健康的状态。

所以，"一元关系"里的挑战，是当你独自面对诸多极坏的感觉时如何重获平静，凝聚自我的存在，不被想象中的危险所击垮而进入全能幻想或湮灭恐惧中。有规律地进行冥想、瑜伽、正念等活动，有助于你内心安定，逐渐积蓄力量，更好地和自己待在一起。

不过，如果你已经处于无法自处的状态，就像婴儿处于消散、溶解的自闭－毗邻位时，就很难靠自己解决了。使婴儿从溶解的自闭－毗邻位走出来的，是母亲充满爱和关注的眼神。婴儿从母亲眼神的反射中看见自己，从而凝聚自己的存在，消除自我崩解、消散的恐惧；一个无法自处的成年人，也需要从一段充满爱和关注的二元关系里获得被看见、被关心、被认可的体验，以此克服自我崩溃、溶解的恐惧，凝聚一个自我形象——噢，在他眼里，我是这样的。通过确认自己在别人眼里的存在，你可以慢慢把这种感觉内摄进来，使之成为一种积极的自我凝视，即相信自己在别人眼里是好的。当你很难从周围的人际关系中寻得如此体验时，可以求助于专业的心理咨询师。

当然，你需要知道怎样的二元关系才是健康的、可以凝聚自我的。

二元关系："我和你"的关系

当婴儿长到 2 ~ 3 个月，便基本度过了自闭 - 毗邻位阶段，进入"两个人"的世界里。他开始意识到"母亲是我以外的存在，是另一个人，她有自己的独立意志和想法，有时会离开我去做她自己的事情"。于是，处理"我和你"的关系成为这个阶段最核心的议题。

你是否有时会冒出类似的念头：他怎么就不能如我所想的那样，听懂我说的话呢？此时，你考虑的就是二元关系，即"我和你"的关系。而这个关系里，很多感觉来自原始的二元关系——母婴关系。

● 二元关系：融合还是分离

在二元关系中，时刻存在融合和分离这样两股力量。融合与渴望的感觉相联系，我们渴望被关心、被关注、被喜欢、被认可，这背后都可以通过极限思维联结到母婴关系中无比融合的状态，这种感觉极其美好、令人满足；而分离与憎恨的感觉相联系，我们憎恨被忽视、被抛弃、被拒绝、被讨厌，这背后也可以通过极限思维联结到母婴关系中婴儿感觉到被母亲抛弃的状态，这种感觉极其糟糕、令人恐惧。

成年后的生活里，你与亲密爱人的所有身心联结，都会联通融合的感觉。和爱人手牵手，一起看日出，你们身体的靠近，皮肤的接触，你感受到对方的存在、贴近；你们在看着同一个方向、同一片景色，分享相似的感受，你感受到对方和你心灵的贴近。这些感觉都与融合感相近。

相反，分离的感觉也时刻存在。例如，你们聊着天，对方的手机响起，他拿起手机回复信息，你们的对话被打断了；对方出差离家，你们一起的生活被打断，彼此要承受相当长一段时间的两地分隔。这也会联通到母婴关系中的分离感。

当然，成年人要比婴儿更容易承受这种分离感，因为成年人拥有成熟的大脑，可以动用理智的力量来安抚自己，比如你可以用 0.01 毫秒的时间说服自己：他只是有一条消息要回，而不是故意忽略我；或用 5 ～ 30 分钟的时间来反复思考：他这次出差还是有必要的，能够获得一次晋升的机会，这也是为了我们未来生活得更好。这种理智的思考可以让你缓解分离的焦虑感，不至于陷入更深的恐惧中。但婴儿的大脑前额叶还未发育成熟，甚至没有发展出语言能力，他们没办法动用思维、理智的力量去安抚自己，只能用幻想的方式"留住"母亲，如果幻想失败，他们便会陷入更深的恐惧中。

婴儿的幻想失败，和成年人的理智化失败相对应。当你面对分离时，你的理智告诉你"这没什么"，但你在情绪上却止不住地焦虑、难过、愤怒、憎恨。巨大的情绪会反过来冲击你的理智，让你陷入混乱，开始怀疑"他是不是不想理我？我在他心里一点都不重要"，你开始灾难化地思考"他要出差那么久！谁知道我们的感情有什么变化，说不定他就是想利用出差远离我"，于是，原本那些可以安抚自己的积极的思考和理智力量在糟糕的情绪中被搅乱了。

对婴儿来说，融合与分离同样像一个钟摆的两个最远端，一些时刻摆荡到融合中，带来无限满足和欣喜，另一些时刻摆荡到分离中，导致巨大的焦虑和恐惧。而婴儿健康的二元关系发展，就是有更多的时刻停留在钟摆的中间位置，既不完全融合，也非绝对分离。婴儿在心智中保留下"母体"的形象，当对方离开自己时，婴儿还能调用内心对"母体"形象的表征，幻想自己还和母亲在一起，这样便能平稳地度过一些分离时光。但婴儿能够调用的幻想空间是有限的，现实中的母亲离开婴儿的时间不能超过婴儿能够承受的极限，如果母亲在婴儿情感崩溃之前回到他身边，安抚他在分离时的痛苦，这段母婴关系便被修复，而且修复后的关系更稳固、更具韧性。

婴儿的这种能力，在成年人的世界里叫作"建立信任感"。你建立了对另一个人的信任，当他偶尔忽视你、离开你时，你相信对方的爱和关注会回来。当然，信任是两个人的事情，如果对方总是辜负你的信任，你就无法继续信任他了。这就像婴儿的幻想空间是有限的，现实中的母亲需要在婴儿的幻想破灭之前回到婴儿身边。成年人的亲密关系也是如此，每个人"信任感"的空间也是有限的，在一定范围内的轻微破坏，你们有能力修复它，而且修复后的关系更稳固、更具韧性；而巨大的欺骗或背叛，就可能彻底破坏这份信任，让你无法容纳。

但如果你对轻微的破坏都无法忍受，便可能在一些微小的分离时刻冲破关系的边界，让彼此的信任感崩塌，你也便失去了修复关系，让关系更稳固、更具韧性的机会。任何关系都会像钟摆一样摆荡，你要容纳摆荡的幅度，在它摆向某个极端时可以承受分离或融合带来的情感张力，不至于被击垮，这样才能让关系在摆荡中更加坚固。

● **探索二元关系：寻找边界**

健康的二元关系，是寻找到彼此的边界。这个边界既涉及你们彼此能够承受多大程度的分离，也涉及你们彼此能承受多大程度的融合。这意味着你需要在二元关系中探索和确定融合与分离的"钟摆"可以摆荡多高、多远，摆荡的边界在哪儿。

比如说有些人无法接受异地恋，但有些人对异国恋都可以接受，这是对分离一端的摆动幅度的接受程度不同。其中的感觉可以被讨论得更加细致，比如当你们异地分居时，需要多久联系一次，需要通过怎样的方式联系，需要对方多快回复你的信息，对方以怎样的态度回复你的信息才能让你感觉安全或焦虑程度是能承受的。当你们争执、吵架时，你会如何安抚好自己的情绪，需要对方做什么你才可以平复下来，以及你可以付出什么来安抚对方。这些都是在分离一端的摆荡。

而在融合一端的摆荡，比如你接受不了什么样的黏人程度？你的手机是否可以随意给对方看？你和对方分享哪些账号密码？你们之间可以玩"挨个儿介绍微信好友"游戏吗？你日常的所思所想有多少可以告诉对方，有多少不能？除了内心的融合，还包含身体的融合，比如你接受怎样的身体接触？你有哪些身体部位是不愿被对方碰到的？

当你和另一半可以在融合与分离的摆荡范围进行充分的讨论，而且能够达成相对一致时，这对"我和你"的关系就是在你舒适的范围内，你就找到了健康的二元关系。

二元关系的核心冲突

● **爱与恨**

二元关系的特征在融合与分离的钟摆上摆荡，也在爱与恨的感情范围内摆荡。在极端融合的状态下，彼此感受到极端的爱，对应的情绪有兴奋、喜悦、欣喜、刺激、痛快等，这种融合包含心灵上的契合（比如那些十分默契的时刻、心灵相通的瞬间），也包含身体上的融合。

在极端分离的状态下，彼此感觉到极端的恨，对应的情绪有暴怒、憎恨、厌恶等，这种分离涉及心灵上的分离（比如那些分歧巨大、互不相让、彼此欺骗、潜藏掠夺的时刻），也涉及身体上的分离（比如一次激烈的暴力冲突）。

在这两端之间，你可能体会到不那么强烈的爱与恨。比如，一天劳累工作之后，下班回家看到伴侣准备好了饭菜，你内心涌起浅浅的感恩与幸福，这是朝向爱轻微摆荡的情感；如果你一回家，对方就开始对你抱怨和唠叨"脱下来的衣服和袜子怎么又乱扔，就不能放在该放的位置吗？说了那么多遍了"，你内心涌起一些不耐烦，这是朝向恨的轻微摆荡。

二元关系的危险，就潜藏在这个摆荡中，摆荡是有加速倾向的。你想想看，当你听到这样的抱怨时你会如何反应？大多数人的第一反应是"我懒得和你说话"。于是，你传递出一种切断沟通与联系的信号，这个信号被对方接收为一个带有"恨"的轻微信号，会激发对方的"反击"。原本轻微的"恨"在你们互相发送消极信号的过程中被激活和放大，朝向恨的摆荡幅度越来越大。

要在二元关系中将朝向"恨"的摆荡降幅，就需要借力于第三方。因为在一个二元互动的系统里，单一方向的能量会被单向加强，"恨"会变得更"恨"，"爱"也会变得更"爱"。而任何降幅或反转的力，都来自二元关系之外的第三方。

但这并不是说要加入一个实际存在的外部第三方，因为外部的第三方并非稳定中立的，它必然要"站队"。比如有的夫妻在出现婚姻危机时选择要个孩子来维系婚姻，孩子的"站队"往往是隐性而波动的，孩子在 0 ~ 2 岁期间，几乎完全"站队"在母亲一方，3 岁以后，他的"站队"情况就开始变得复杂，但无论如何，必然要"站队"的第三方是无法稳定地为二元关系的摆荡过程提供降幅或反转的力的，因为这个外部的第三方最终会融入二元关系的某一方，让关系重回二元关系，在爱恨反转后，朝另一个方向更大幅度地摆荡。

比如在糟糕的夫妻关系中，原本的发起动力是"恨"的摆荡过大，希望要一个孩子缓和夫妻关系，在孩子出生后的头 2 年，母婴关系是非常亲密融合的，而父亲可能会被排除在外，于是表面上夫妻之间的"恨"是被缓解了，但实际上是被隐藏。当孩子 3 岁后，他开始从母婴关系中分离开来，发展出自己的情感力量去选择更喜欢妈妈还是爸爸，开始真正的"站队"。不论他选择谁，都会让夫妻关系回归二元关系，夫妻二人朝向"恨"的摆荡重新启动且摆幅更大。

所以，要真正解决二元关系中的危机，需要的不是一个实际的第三方，而是双方在头脑和心灵中发展出一个独立于自身位置的"第三方"。在心理咨询工作中，我们常常称其为"分析的第三方"。咨询师一方面要沉浸在对话里，作为来访者的对话者感受一切；另一方面要在头脑里分裂出另一个自己，去观察和分析作为心理咨询师的自己和来访者之间的对话为何如此，两人之间的关系究竟在发生什么。这就是"分析的第三方"。

在二元关系中，要获得真正破解朝向爱或恨过度摆荡的力量，需要的正是"分析的第三方"，它要客观、中立、不偏不倚。当你和伴侣因为回到家乱扔衣服袜子的事情大吵一架之后，你在二元关系中的自我，愤怒、委屈、憎恨的感觉在不断加强，而这些感觉的爆发会进一步引发对方的愤怒、委屈、憎恨，这些感觉相互增强，最终冲破二元关系的容纳能力。如果此时你的头脑和心灵中拥有一块空间，让"分析的第三方"来思考，你就可以慢慢地从情绪中平静下来，想一想你们为什么如此愤怒、委屈、憎恨，为何在这段争执中互相都有一些需要没有被满足，当你慢慢厘清这些，你就可以换一种态度去尊重对方的需要，用更平稳的情绪向对方表达你的需要。于是，朝向"恨"的摆荡就被降幅了，这是所有伴侣之间的巨大冲突得到解决的本质。

● **吞噬与湮灭**

二元关系中另一个危机是朝向一元关系的退行。你可以在许多极端控制的母女关系、父子关系中看到这样的原型。

母亲不愿意看到女儿独立自主、脱离自己，于是极力控制女儿，女儿交什么朋友、读什么书、做什么工作、几点下班、有什么业余爱好甚至每一个朋友的联系方式都得清楚地向母亲交代。女儿的自我被吞噬了，她不存在自己的想法和感受，一切喜怒哀乐都源于母亲，依附于母亲。

同样地，一位强大的父亲安排儿子作为自己的事业继承人，不许儿子根据爱好选择专业。儿子的自我也被吞噬了，他不存在自己的人生意义和理想事业，一切行动的目标和力量都源于父亲，依附于父亲。

独立存在的两个人变成了一个人。因为弱小的一方被强大的一方"吞噬"了，弱小的心灵湮灭了。

当朝向"爱"的摆荡走向极端时，二元关系的发展就会这样退行至一元关系。就像弱者爱强者，爱到极致是牺牲自我成就强者；而强者爱弱者，爱到极致是"吞噬"对方，把对方装进自己的内部，让对方成为自己的一部分。不论是牺牲自我，还是"吞噬"对方，二元关系都不复存在，双方不是两个独立的个体，而是变成了一个整体而存在。

当婴儿出生时，母婴在物理意义上的分离就已是不可改变的客观现实。因此，当心灵的"吞噬"发生时，便会造成被"吞噬"者巨大的身心冲突。比如一个母亲在教导女儿时狠狠地扇了女儿一个耳光，女儿感觉到的是脸上的疼痛，但母亲的威严和强势告诉女儿"这一切是为你好，你得感恩"。于是女儿身体上的疼痛和心灵上的感恩形成了冲突，这个心灵被"吞噬"的女儿身心被割裂，在内心深处分裂出两个人格，一个是迎合母亲威严的"好女儿"，另一个是反抗母亲的"坏女儿"。

"爱"到极致是危险的，这"爱"里蕴含了消灭。我是多么地爱你，希望你完完全全、彻彻底底地属于我，甚至你就是我，没有你、只有我；或者相反，我是多么地爱你，我希望我完完全全、彻彻底底地属于你，甚至我就是你，没有我、只有你。这个完完全全、彻彻底底的叙事中，二元关系中要"消灭"一个独立存在的个体。于是，爱产生了暴力，它或强或弱，或显著或轻微，在所有"我希望你按照我的想法行事"的二元关系中，都能找到这样的影子。

但与"母体"分离，是人类乃至动物界发展的客观规律，绝对地退行至一元关系只能是强者的妄念与幻想。你无法完全"吞噬"掉另一个独立个体的心灵，那个个体依然会在狭小的缝隙中找到雨露阳光，生长出自我的力量。

三元关系："你、我、他"的关系

● 寻找存在感：我在哪里

三角形是最稳定的结构，三元关系也如此，它是相对稳定的一种关系模型，也是人格发展成熟的结果。在家庭中，父母和孩子是三元关系；在学校里，你和同学、老师是三元关系；在工作中，你和同事、老板是三元关系；在社会上，朋友聚在一起也往往是三元关系。不论一个团体中有多少人，例如你在中学时期有一个五人小团体，你们彼此是好朋友，但这个团体本质上也是三元关系，涉及的是你、我、他的关系，这个"他"可以是这个团体中的任意一人。

你会发现，不论是学业生涯，还是工作经历中，这样的多人小团体往往比你和闺密、哥们儿的双人关系要稳固。闺密可能绝交，但一个小团体很少会因为冲突和矛盾分崩离析。多人的团体内也会有矛盾发生，可能会导致有人退出、有人进来，但小团体依然会自发地运转，继续存在下去，直到自然的生命周期结束，例如毕业等。

在你的成长经历中，你是否总能顺利地融入小团体？你在一些团体中处于什么位置？是在"舞台的中心"还是"房间的角落"？

● 在三元关系里寻找位置

当孩子长到 3 岁左右，母亲就不再是他的全世界了，父亲的意义开始变得重大，孩子开始发现，这个世界上并不只有一个爱我的客体（母亲），还有第二个客体（父亲）。更重大的发现是，这两个爱我的客体彼此也是相爱的。一个巨大的疑问开始在孩子心中产生：那么，妈妈到底是更爱我还是更爱爸爸呢？这个问题成为三元关系中的核心议题：你爱我还是爱他？

这个问题会在家庭生活中反反复复呈现，在大多数家庭里，孩子是这场竞争中的胜出者，妈妈对孩子的关注通常会远远超过她对丈夫的关注。恰当的获胜，让孩子形成积极的自我形象，觉得"我是好的、有吸引力的，在爸爸和我之间，更多时候妈妈会优先关注我"。但是如果这种"获胜"过于绝对、完美，也会造成三元关系退行到二元关系。这意味着，妈妈完全抛弃了爸爸，把所有的精力、注意力和爱都投注在孩子身上，甚至这个家里没有了男主人的位置，爸爸日夜不归，夫妻关系形同虚设。这会让孩子感觉"我拥有巨大的吸引力，可以让妈妈完全关注我"；但这种巨大的吸引力同时也是一种破坏力，它破坏了爸爸妈妈之间的关系，让孩子感到"我完全把爸爸排除在外，全然占有了母亲"，进而内化出一种巨大的焦虑："我可能会招致父亲猛烈的报复"。

健康的三元关系，需要有一些适当的挫折，让人意识到，你无法在人际关系中完完全全占有另一个人，在你之外，对方心中也装着其他人。

你可以从成年人畸形的恋爱关系中看到三元关系的问题所在，那就是近乎不可思议的嫉妒心和占有欲。你要出门上班，伴侣嫉妒你要和同事交往；你走在路上看了一眼路过的异性，伴侣嫉妒你眼睛里看到了其他人；伴侣有某个爱好而你对此并不感兴趣，你嫉妒他拥有一项你不拥有的爱好……当嫉妒与占有欲泛滥到日常生活中的方方面面，你渴望完完全全地占有对方的身体与心灵时，你内心的三元关系或许有一些过度满足或过度受挫。过度满足时，你觉得被完全满足是理所当然的；过度受挫时，你可能非常渴望缺失的关注得到弥补。这不仅会让你在恋爱关系中过于控制和嫉妒伴侣，也往往会让你难以融入一些团体。无论是读书时在班级里寻找朋友，还是工作后在职场中寻找"同盟"，你都会存在将三元关系二元化的倾向；当你结交了一个朋友，你可能会希望完全占有对方，不停地去确认自己在对方心中是不是唯一的朋友，期望对方没有其他朋友。不难理解，这种倾向不仅会将朋友越推越远，而且会招来朋友身边之人的敌意和反感，你在这个小环境中的处境会愈发艰难。

　　如果三四岁的儿童渴望完全占有父亲或母亲的愿望总能得逞，他会渐渐发展出关系二元化倾向；相反，如果他的这种愿望总是受到挫折，父亲和母亲彼此相爱却把他一个人孤零零地扔在一边，他会感到被抛弃，无法融入和父母之间的三元关系。所以，恰当的挫折是既不让儿童完全得逞，认为全然占有父亲或母亲是可行的，也不让儿童完全受挫，比如父母把他一个人扔在一边。他会在这种恰当的挫折中学会与人平等、独立地交往。而这个满足与受挫的程度，将会影响孩子将来感觉自己在群体中处于什么位置。

三元关系的核心冲突

● 嫉妒与排挤

显而易见，三元关系中的核心冲突是"俄狄浦斯"式的冲突。人人都想成为万人瞩目的"王"，被更多人喜欢、青睐。所以，三元关系更加社会化，更接近人类社会的模样。于是才会有"家是社会最小单元"的看法，因为一个三口之家已经可以构成完整的三元关系，它包含了人与人之间的权力、地位、所属、爱和相互影响等各种要素。

在这样的关系模型里，核心的情感是嫉妒与排挤，每个人内心都渴望融入一个更大的集体，在这个过程中，集体中更具权力和地位的人会受到更多的嫉妒，因为大家的注意力是有限的，当一个人吸引非常多的注意时，必然有另一些人处于边缘位置被忽略、被排挤。

如果被关注与被忽视的程度可以用一个 0 ~ 100 分的连续谱来描述，有人是 100 分被关注，有人是 0 分被关注，那么你希望自己在这个连续谱上得到什么程度的关注呢？对 0 ~ 2 岁的婴幼儿来说，他们"自恋式"地渴望 100 分被关注，但对任何一个成年人来说，答案都是复杂的，每个人会有不同的追求。

100 分被关注的"王"，有至高无上的权力和影响力，被人仰慕。这当然令人开心、兴奋、充满力量。但同时，他也会被人一直盯着，被人嫉妒和仇恨，谋划着终有一天要打倒他。在"王"位上的人可能极度焦虑、恐惧和不安，时刻提防来自外界的仇恨与攻击。

0 分被关注的人被所有人忽视、抛弃，没有任何人关心他、看见他。这当然令人沮丧、失落、感到孤独。但同时，他也会感到自由，没有任何负担，没有任何来自外界期待带来的压力。

大多数人都在 0 ~ 100 分之间的某个位置。越靠近中间位置，你在三元关系中的稳定性也就越强，因为这个群体拉住和推开你的力保持了平衡，你感觉舒适、自在和平稳。而越靠近两端，你的处境越不稳定——要么承受巨大的拉力，被拉到群体的中央，承载巨大的责任和关注，很容易被同等强度的嫉妒攻击；要么承受过大的推力，被排挤出这个群体。

● **寻找位置：扎根于真实的自我定位**

如果你处在三元关系中不恰当的位置上，就会有不好的感受。

感受亲密
在关系中获得幸福的艺术

要么因为过于被忽视、被排挤，你要不停地追赶这个群体，努力挤进去，感到很辛苦、很疲惫；要么因为过于耀眼而被嫉妒、被攻击，你要时刻提防，无比焦虑。

所以，真正健康的三元关系，是寻找到一个令你舒适的位置，扎根于真实的自我定位。你不必拧巴着自己，非要努力做到他人的样子，你就是你，恰好在这个群体里，有这样一个位置是为这样的你而准备的。

找到那个位置，坐稳那个位置，接纳并喜欢那个位置。

托马斯·奥格登有一篇著名的文章叫《你长大后想成为什么样的人？》。奥格登认为，这是对青少年进行心理治疗时必须要问的一个问题，青少年们对这个问题的反应十分重要。而且，这个问题也可以问任何人：你想成为什么样的人？

奥格登在这篇文章的结尾讲述了他的一个来访者——C 先生的案例，以说明他认为有效的心理治疗可以达成什么目标。

C 先生从小是一位脑瘫患者，这困扰了他许多年，因为他觉得正是这样的生理缺陷让他失去了母亲的爱，失去了被世界公平对待的权利，失去了追求美好生活的机会。对其进行了好几年的心理治疗后，奥格登感到 C 先生发生了许多有意义的改变。有一次，C 先生向奥格登描述了一个梦。他说："梦里没发生什么事。我依旧是患有脑瘫的我，我当时正在洗车，把车里的收音机音量开得很大，享受着音乐。"

　　奥格登认为，这个梦是极其重要的，它不仅提到了 C 先生患有脑瘫这一事实，而且他似乎完全接受了它作为自己的一部分："我依旧是患有脑瘫的我……"奥格登感叹："还有比这更好的方式去怀着爱意认识、接受他自己本身吗？他不再像过去那样觉得自己是个怪物，不再像过去那样在梦中成了一个快乐的婴儿，有一个爱他的母亲为他唱歌、为他洗澡。这个梦中的画面，只是日常生活的一部分：梦里没发生什么事。C 先生能够认识并温柔地接受他本来的样子，这可能是他当时对'长大后想成为什么样的人'的回答——成为自己。"

　　患有脑瘫的 C 先生发现并接纳了自己的位置——患有脑瘫的他，也是可以洗着车享受音乐的他。奥格登为此赞叹："多么美妙的一个梦！"

扎根：安住在你的关系网络中

我第一次见我的督导师时，我们没有聊个案，没有聊怎么做咨询，而是在简单地了解各自的受训经历和专业程度后，聊起了北京的房价。在见她之前，我从许多同行那里了解到，她在那间固定的工作室里工作近 20 年了。对我这个年轻的、刚刚起航的心理咨询师来说，北京的房价当然是一件重要的事情，因为它让我无法确定自己能否在未来 20 年一直扎根于这座城市。

我告诉她，我从 18 岁来北京读大学，至今已经在这座城市待了 12 年。我成年后所寻觅的所有人际关系全部在这里；我在这里换过很多住所，熟悉五环内的大多数主干道。同时我也坦诚地告诉她：在这 12 年里，我无数次想过离开这个地方，它高昂的房价仿佛在说，北京不欢迎我。

被一片土地所吸引，同时被这片土地所拒绝，谁的成长经历不是如此呢？渴望"母体"的爱，却时常感觉被"母体"拒绝。但我们依然存活了下来，长成一个可以独自生活的人。

迁徙是一个被人忽视的巨大创伤。我无数次从我的来访者那里听到这样的故事，他们在上小学之前，在父母和爷爷奶奶、外公外婆家来回"迁徙"，小学时期几次搬迁到不同的城市，初中后开始离家住校。他们无法在一个地方扎根，自然没有发展出长久稳定的关系。小学六年，他们换了两三波同学、老师，初中后便无依无靠、没有来自父母的支持。一个个陌生的面孔像走马灯一样在生活中倏然飘过，刚刚熟悉起来的朋友又面临分离之痛。两三次之后，他们不得不收起疲惫的、受伤的心灵，让自己置身事外，对任何事情只做临时的打算，临时老师、临时朋友、临时同桌、临时的一切。他们内心深处必然内摄进一对不安定的双亲形象，于是，流浪是他们内心最深的自我认同。

作为一名心理咨询师，我更加认识到"一方水土养一方人"背后的深刻意义。并非水土本身是什么，而是由于扎根于这方水土的人能稳定地、坚定地存在于此，所以能把稳定存在的环境、集体、友谊和爱注入孩子的生命中，让他在相对安稳的环境中成长。

在我的工作中，我不止一次听到来访者说出自己的担忧："如果有一天你不做咨询师了怎么办？""你会不会不想继续见我了？"这背后的担忧都指向了我是否会稳定存在。这也是我和督导师聊北京房价时探讨的事情：我会一直在这座城市做一名心理咨询师吗？

这是人往下扎根的力量。从小范围讲，你能否扎根于一段亲密关系，对这段关系有稳固的承诺，长久地和对方生活下去；从大的范围讲，你能否扎根于一座城市、一个国家，对这片土地有坚定的认同，长久地在此生活下去。

扎根并不容易，你可能会在地下延伸你的根系时碰到坚硬的石头、腐烂有毒的土壤，你是会缩回自己的根系重寻他处，还是坚持下去，顶住那些拒绝的、伤害的部分，让你的人格之树继续向上发展呢？

前几年在网络上有个热议的话题：选择一线城市一张床，还是三线城市一间房？这个话题说的是年轻人到底要选择去一线城市打拼，去获取更多的机会和见识，但活得更加辛苦，甚至要挤在仅能放下一张床的出租屋，还是选择回到压力小、生活节奏慢的三线城市，住更宽敞的一间房。这其实也是在讨论扎根于哪片土地。但讨论来讨论去，你终究会发现，任何一种选择，都有对你有利的因素，同时也会有对你不利的因素。选择一线城市还是三线城市，这只是一个概括的方向性议题，具体到个人，你想到的内容会更加具体，比如这座城市有你认识的人吗？你和这座城市有哪些缘分？你在这里待了多久？你是否会对这片土地有所承诺，不论遇到哪些阻碍都愿意继续扎根下去？

有时候，你对一片土地的承诺源于对某个人的承诺，比如为了爱情来到这座城市；有时候，你对一片土地的承诺源于你对一份职业的承诺，为了工作来到这座城市；有时候，你对一片土地的承诺来自你对专业与生涯的承诺，为了求学来到这座城市……这背后的缘由可能会坚定或动摇你在这片土地扎根的打算。为了爱情而来的人，分手后还继续留在这里吗？为了工作而迁徙的人，离职后还继续留在这里吗？为了求学而来的人，毕业后还继续留在这里吗？这些问题在迁徙的时候，都没有答案。而答案往往在一次次的选择中，当你再次选择一个爱人、一份工作、一次升学时，你还在这里，于是，这里就是答案了。

虚拟世界让我们的联结越来越便捷，但它无法完全替代人与人见面时四目相对的联结，那是每个人与他人产生亲密联结的起点——从另一个人眼里，看见自己的影像。所以，不论网络多么发达，通信多么便捷，你能深深依恋的那个人，最终必然是与你一同扎根于此的人。对那些最终走散、去往他乡的人，无论你多么渴望并真实地和他们保持联系，最终也会发现这种远处的安慰终归是隔靴搔痒，真正可以安抚你不安的心灵的，是此时此刻待在你身边的人。扎根于此，也是接受这一点，安住在你触手可及的人际关系网络中。就如 C 先生接受自己的位置一般，接受你所拥有的一切。

感受亲密
在关系中获得幸福的艺术

参考文献

[1]   Kohut H . The restoration of the self [M]. Chicago: The University of
       Chicago Press, 1977.

[2]   Kohut H . Introspection, empathy, and semicircle of mental health [J].
       Emotions & Behavior Monographs, 1984, Mo (3), 347-375.

[3]   Aron A , Melinat E , Aron E N , et al. The Experimental Generation
       of Interpersonal Closeness: A Procedure and Some Preliminary
       Findings [J]. Personality & Social Psychology Bulletin, 1997,
       23(4):363-377.

[4]   Paula, Ravitz, and, et al. Adult attachment measures: A 25-year review
       [J]. Journal of Psychosomatic Research, 2010, 69(4): 419-432.

[5]   Ainsworth M , Blehar M C , Waters E , et al. Patterns of Attachment:
       A Psychological Study of the Strange Situation [J]. Lawrence Erlbaum
       Associates, 1978, 23(1): 373-380.

[6]   Bowlby J . Attachment and loss [M]. New York: Basic Books, 1973.

[7]   Shaver P , Hazan C . Being Lonely, Falling in Love: Perspectives from
       Attachment Theory [J]. Journal of Social Behavior & Personality,

1986, 2(2):35.

[8]   Main M， Goldwyn R . Adult attachment classification system [M].
        Cambridge: Cambridge University Press, 1985.

[9]   Aron A, Paris M, & Aron E N. Falling in love: Prospective studies of
        self-concept change[J]. Journal of Personality and Social Psychology,
        1995, 69(6): 1102-1112.

[10]   Beebe B, Jaffe J, Lachmann F, et al. Systems models in development
        and psychoanalysis: The case of vocal rhythm coordination and
        attachment [J]. Infant Mental Health Journal, 2000, 21(1-2):99-122.

[11]   Stern D N, The Change process in psychoanalysis. Presented at the
        San Francisco Psychoanalysis Institute, San Francisco. 2002.

[12]   巴塞尔·范德考克. 身体从未忘记 [M]. 李智，译. 北京：机械工
        业出版社 , 2016.

[13]   琼. 思想等待思想者 [M]. 苏晓波，译. 北京：中国轻工业出版社 ,
        2015.

[14]   温尼科特. 成熟过程与促进性环境 : 情绪发展理论的研究 [M]. 唐
        婷婷，译. 上海：华东师范大学出版社 , 2017.

[15]   Mahler M S . Rapprochement Subphase of the Separation-Individuation
        Process[J]. Psychoanalytic Quarterly, 1972, 41(4):487-506.

[16]   罗兰·米勒. 亲密关系（第 6 版，精装）[M]. 王伟平，译. 北京：
        人民邮电出版社 , 2015.

[17]   Barelds D P H, & Dijkstra P. Positive illusions about a partner's
        physical attractiveness and relationship quality [J]. Personal

Relationships, 2009, 16(2): 263-283.

[18] Buunk B P , Ybema J F . Feeling bad, but satisfied: The effects of upward and downward comparison upon mood and marital satisfaction [J]. British Journal of Social Psychology, 2011, 42(Pt 4):613-628.

[19] Rusbult, Lange, C E V. , Wildschut P A M, TimYovetich, Verette N A, & Julie. Perceived superiority in close relationships: why it exists and persists. [J]. Journal of Personality and Social Psychology, 2000, 23(3): 219-228.

[20] Felipe N J, Sommer F R . Invasions of Personal Space [J]. Social Problems, 1966, 14(2):206-214.

[21] Ogden, Thomas H . Primitive Edge of Experience [M]. New York: Jason Aronson Inc, 1992.

[22] Segal H . Introduction to the Work of Melanie Klein [M]. London: Hogarth Press and the Institute of Psycho-Analysis, 1975.

[23] Addington E L, Tedeschi R G, Calhoun L G. A Growth Perspective on Post-traumatic Stress [M]. New York: John Wiley & Sons, Ltd, 2016.

[24] Stroebe W, Zech E, Stroebe M S, et al. Does Social Support Help in Bereavement [J]. Journal of Social & Clinical Psychology, 2005, 24(7):1030-1050.

[25] Kaltman S, Bonanno G A. Trauma and bereavement [J]. Journal of Anxiety Disorders, 2003, 17(2):131-147.

[26] Prigerson, H. G., Vanderwerker, L. C., & Maciejewski, P. K. (2008). A case for inclusion of prolonged grief disorder in DSM-V. In M. S.

Stroebe, R. O. Hansson, H. Schut, & W. Stroebe (Eds.), Handbook of bereavement research and practice: Advances in theory and intervention (pp. 165-186). American Psychological Association.

[27] Harlow H F, Zimmermann R R. Affectional responses in the infant monkey [J]. Science, 1959, 130: 421–432. 1996.

[28] David J. Wallin. 心理治疗中的依恋 [M]. 巴彤等，译. 北京：中国轻工业出版社, 2014.

感受亲密
在关系中获得幸福的艺术